科学也可以很有趣!!!!

逻辑游戏

LOGIC TESTS

【法】吕西亚诺 · 戈西 / 著

施程辉 / 译

上海科学技术文献出版社
Shanghai Scientific and Technological Literature Press

图书在版编目（CIP）数据

逻辑游戏 /（法）吕西亚诺·戈西著；施程辉译 . —上海：上海科学技术文献出版社，2011.2
ISBN 978-7-5439-4719-1

Ⅰ．①逻… Ⅱ．①吕… ②施… Ⅲ．①智力游戏 Ⅳ．①G898.2

中国版本图书馆 CIP 数据核字（2011）001361 号

图字：09-2017-555

选题策划：张　树
责任编辑：杨凯茹
封面设计：许　菲

逻辑游戏
[法]吕西亚诺·戈西　著　施程辉　译
出版发行：上海科学技术文献出版社
地　　址：上海市长乐路 746 号
邮政编码：200040
经　　销：全国新华书店
印　　刷：江苏常熟市人民印刷厂
开　　本：720×1000　1/16
印　　张：8
版　　次：2011 年 2 月第 1 版　2018 年 8 月第 2 次印刷
书　　号：ISBN 978-7-5439-4719-1
定　　价：26.00 元
http://www.sstlp.com

前言

随着时间的流逝，人的智力与身体一样，也在慢慢地衰退。为此，人们不仅身体需要日常有规律的锻炼，智力也需要进行长期的、有规律的锻炼以保持并提高智力，尽可能地防止其遭受时间的损害。

本书介绍的近百种逻辑游戏，意在通过对逻辑的运用来锻炼思维，令您在消遣娱乐中不知不觉、饶有趣味地转动脑筋，从而帮助您在面对新的、复杂的情况时，能够拥有较强的适应能力。

标示

星号标示的是游戏的难度：

- 新手 ★☆☆☆☆
- 容易 ★★☆☆☆
- 中等 ★★★☆☆
- 难 ★★★★☆
- 玩家 ★★★★★

注意事项

√ 这本书使用起来非常方便。玩每个游戏时，您只需仔细阅读游戏规则，从四个选项中选出与规则相符的正确答案即可。

√ 只有在注明隐藏词的游戏中，您需要自己给出答案。为了便于理解，我们举个例子来说明一下：

根据等差级数的标识，您得找出构成隐藏词的字母的位置。横向观察表格，并在表格底部的空格中写出答案。

例子

A	K	M	+0
E	O	R	-1
K	T	I	+1

等差级数标识

这里的隐藏词是 ART

- 字母 A 不动 →
- 字母 R 退后一格 →
- 字母 T 前进一格 →

解答

A	K	M	+0
E	O	**R**	-1
K	**T**	I	+1
A	R	T	

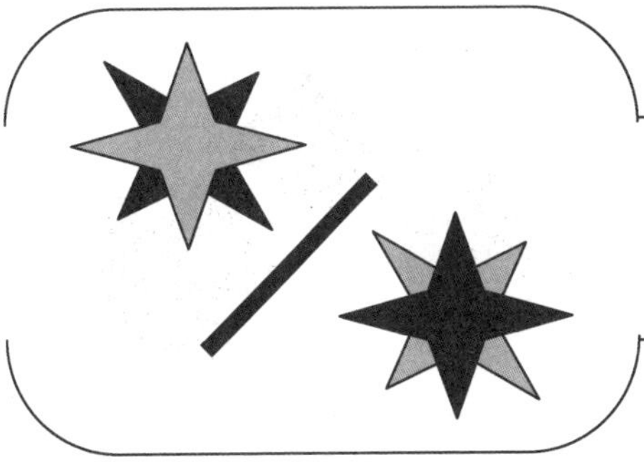

类推

★★☆☆☆

1. 哪一项能将这个类推补充完整？

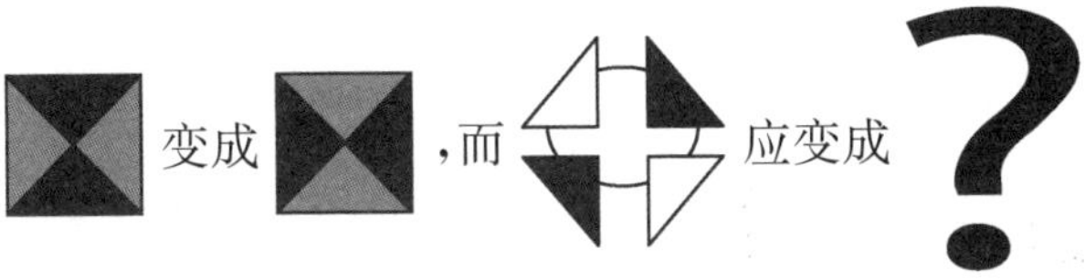

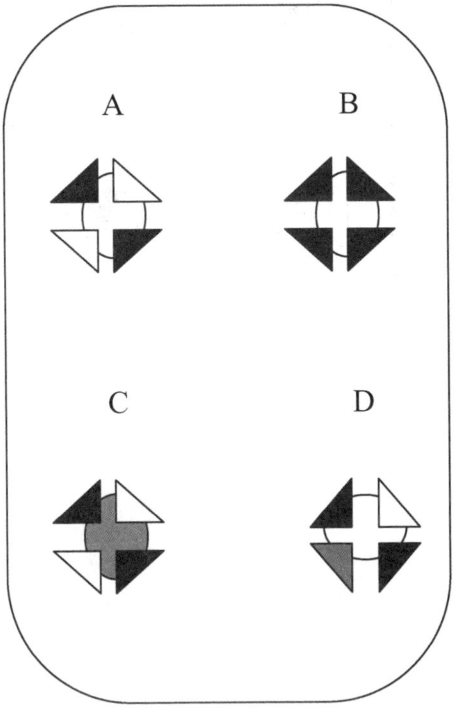

解答见 101 页

模 子

★★☆☆☆

2. 方框中的问号应该填上哪个选项?

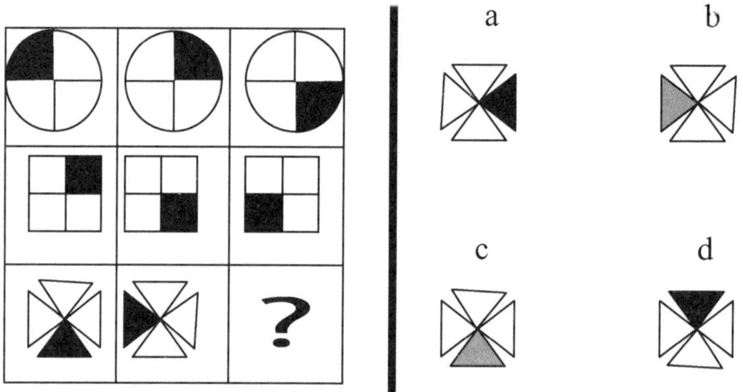

解答见 101 页

纸牌游戏

★★★☆☆

3. 翻过来的这张牌是什么?

注意:纸牌J、纸牌Q和纸牌K分别等于11、12和13

译者注:纸牌Q在法语中意为王后牌,纸牌K在法语中意为国王牌

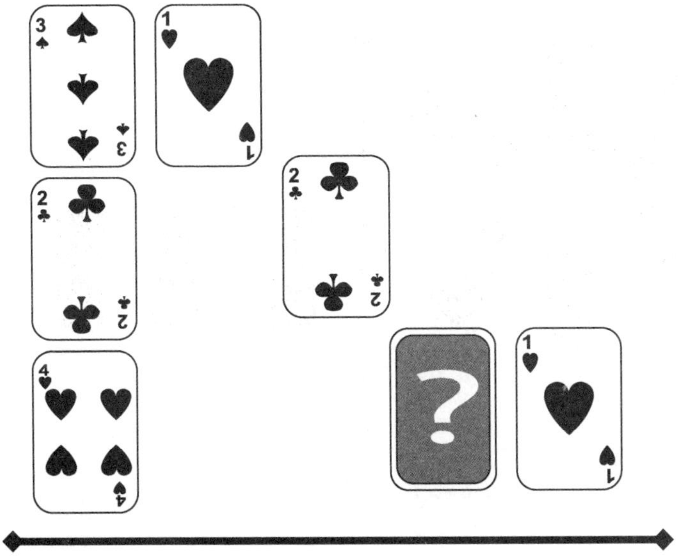

A　　B　　C　　D

解答见101页

多米诺骨牌

★★★☆☆

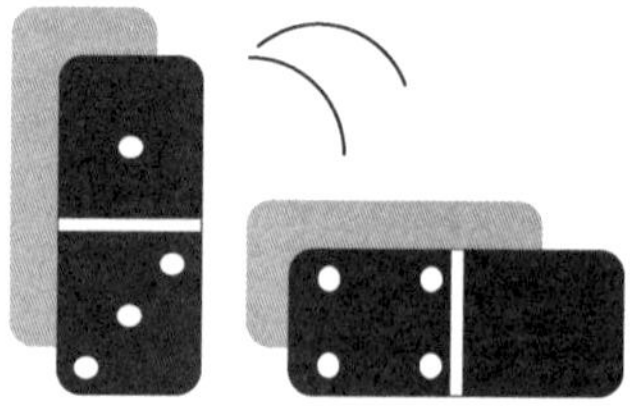

4. 四个选项中，最适合填入问号处的多米诺骨牌是哪一张？

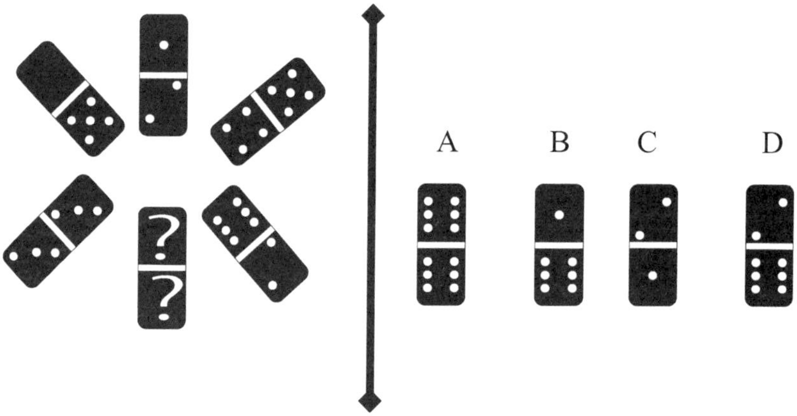

解答见 102 页

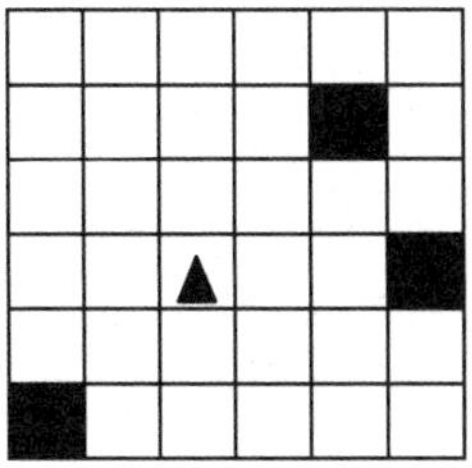

魔术表

★★★☆☆

5. 四个选项中，填入哪个符合逻辑推理？

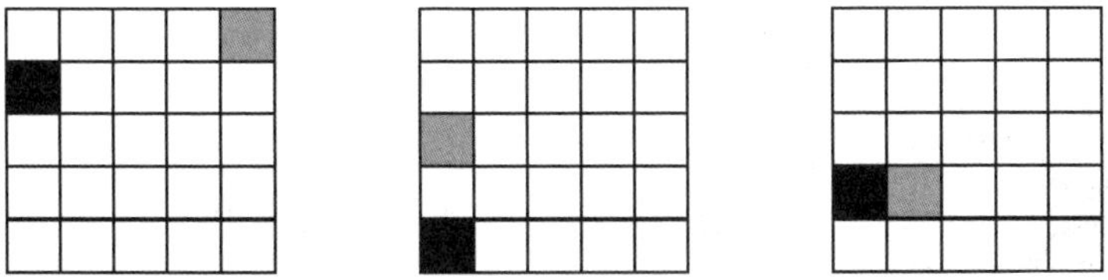

A　　B　　C　　D

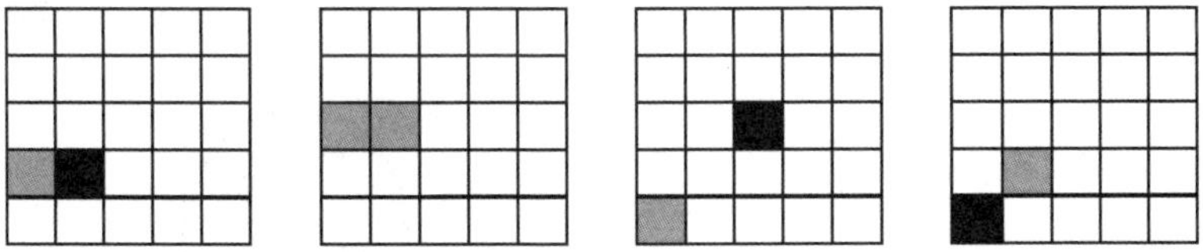

解答见 102 页

魔法树

★★★☆☆

6. 问号处应该填上哪个选项?

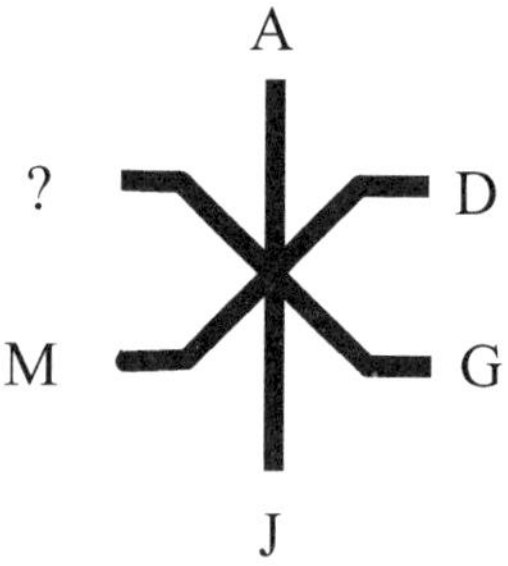

- ☐ Q
- ☐ P
- ☐ R
- ☐ V

解答见 102 页

疯狂的正方形

★☆☆☆☆

7. 四个选项中，填入哪个符合逻辑推理？

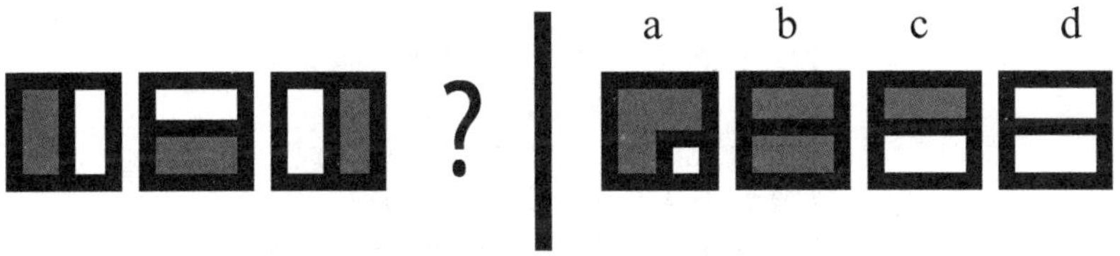

解答见 103 页

隐藏词

★★★☆☆

8. 从已填入字母的格子中，找出隐藏的单词。通过等差级数的标识来确定字母的正确位置。+0的标识表示这个相关的字母位于正确的位置不需移动。表格总是横向看。

N	C	O	S	-1
H	U	D	E	+1
P	A	G	E	+1
V	E	R	T	+0

解答见 103 页

疯狂的方块

★★★★☆

9. 以下哪个方块与上面展开的图不相符?

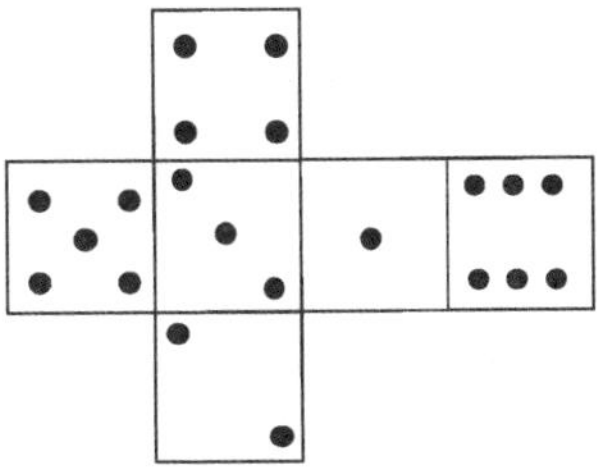

A　B　C　D

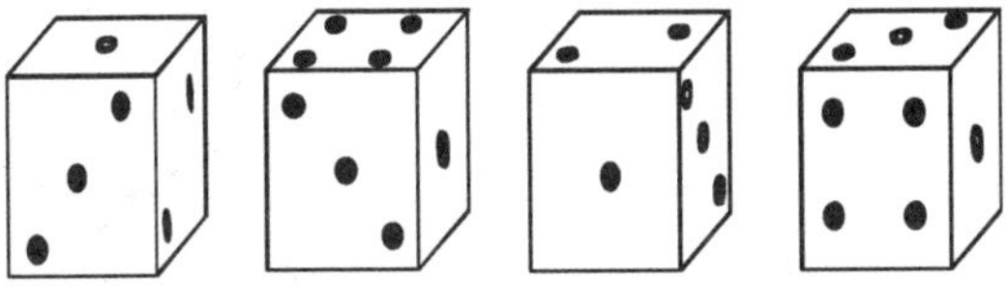

解答见 103 页

类 推

★★☆☆☆

10. 哪一项能将这个类推补充完整？

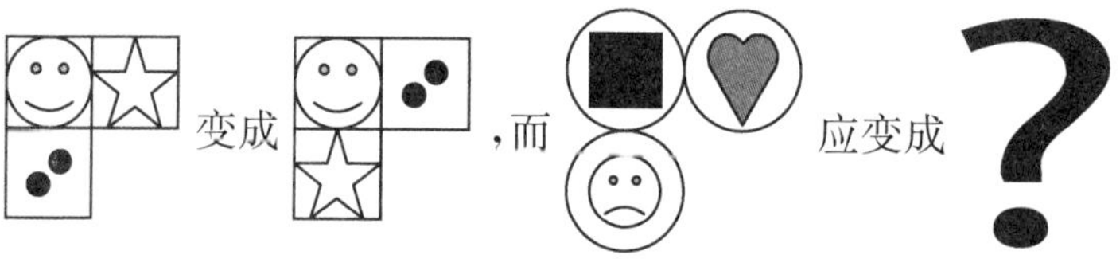

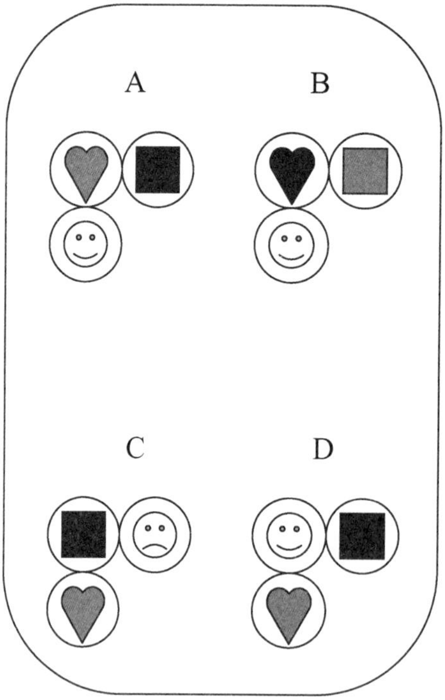

解答见 103 页

模　子

★★☆☆☆

11. 方框中的问号应该填上哪个选项？

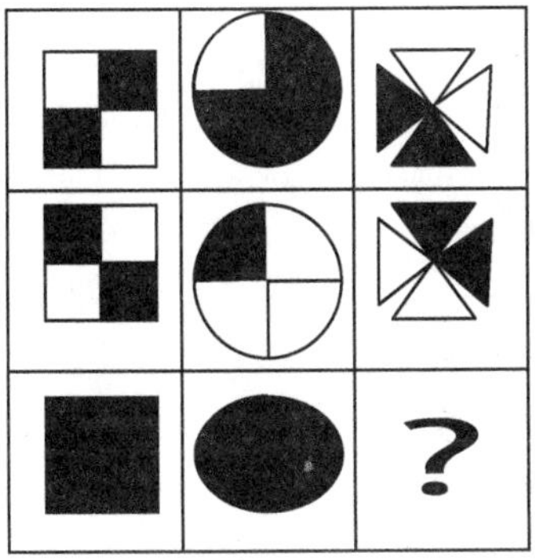

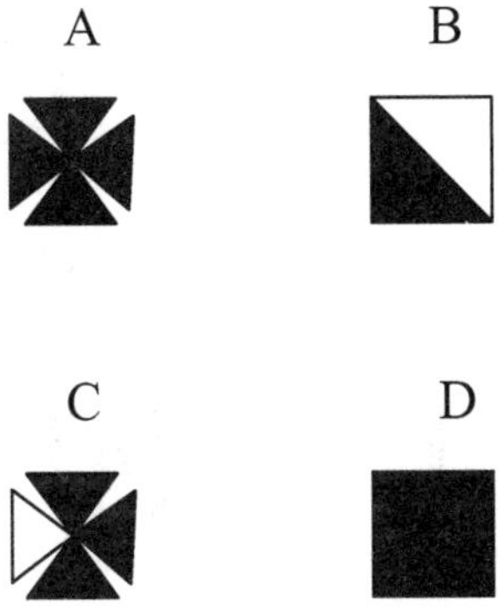

解答见 103 页

纸牌游戏

★★★★☆

12. 翻过来的这张牌是什么?

注意:纸牌 J、纸牌 Q 和纸牌 K 分别等于 11、12 和 13

译者注:纸牌 Q 在法语中意为王后牌,纸牌 K 在法语中意为国王牌

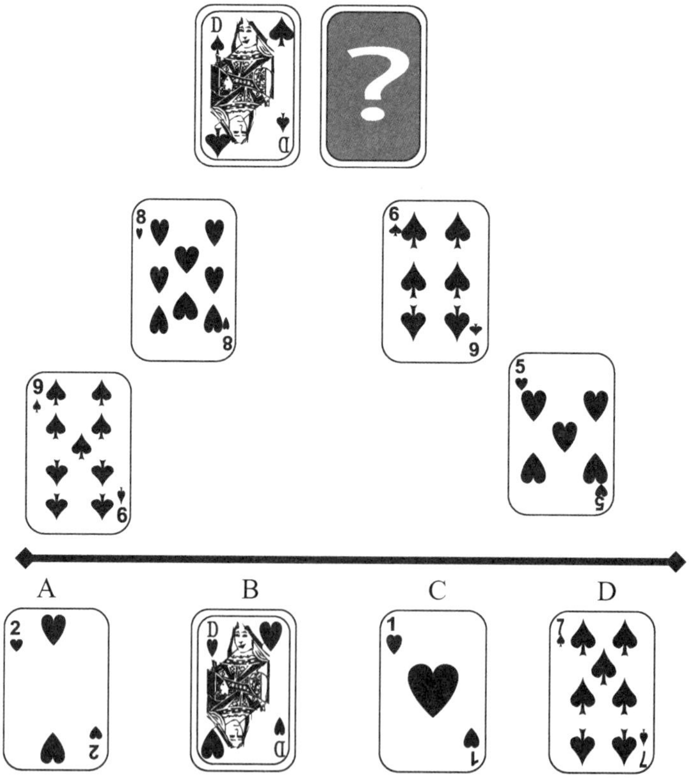

解答见 104 页

多米诺骨牌

★★★☆☆

13. 四个选项中，最适合填入问号处的多米诺骨牌是哪一张？

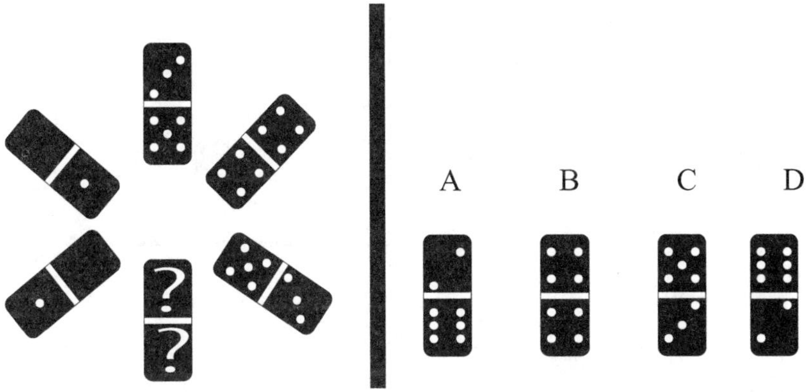

解答见 104 页

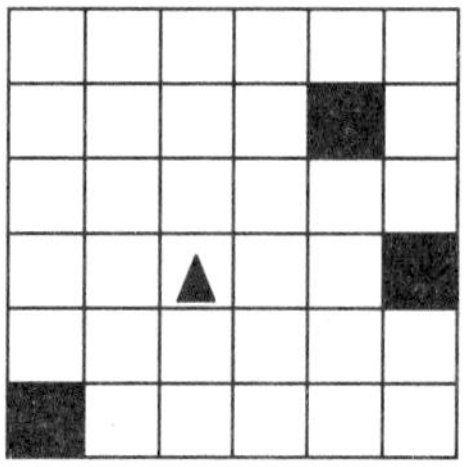

魔术表

★★☆☆☆

14. 四个选项中，填入哪个符合逻辑推理？

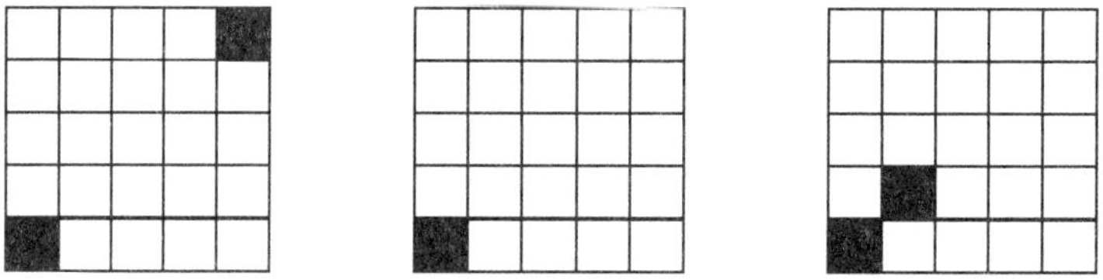

A B C D

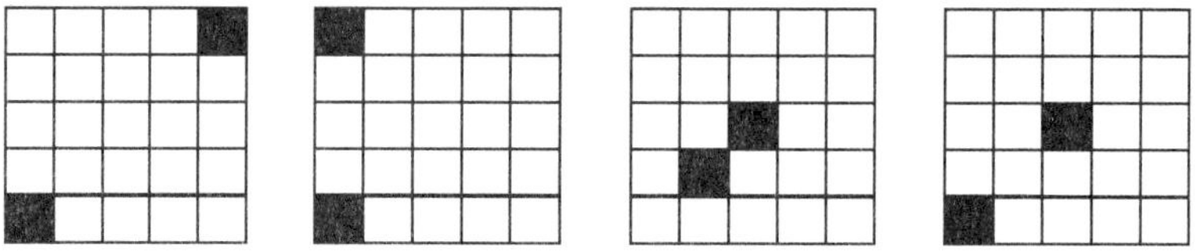

解答见 105 页

魔法树

★★★☆☆

15. 问号处应该填上哪个选项？

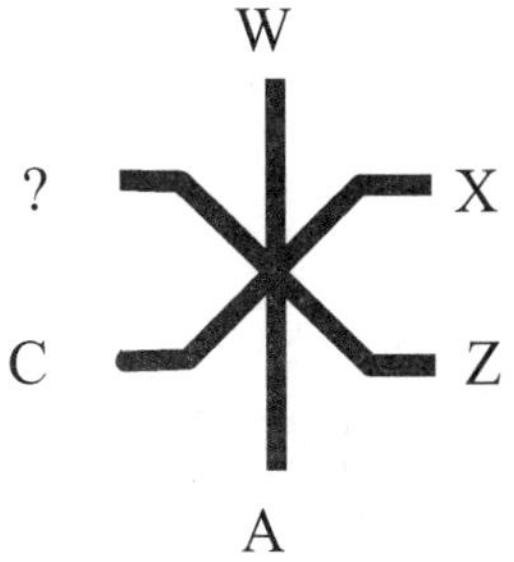

- ❑ B
- ❑ F
- ❑ D
- ❑ Y

解答见 105 页

疯狂的正方形

★☆☆☆☆

16. 四个选项中，填入哪个符合逻辑推理？

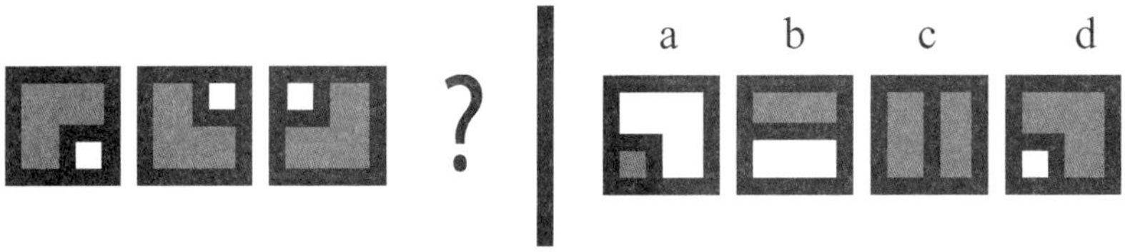

解答见 105 页

隐藏词

★★★★☆

17. 从已有的填字格子中，找出隐藏的单词。等差级数的标识用于确定字母的正确位置。+0 的标识表示这个相关的字母为位于正确的位置不需移动。表格总是横向看。

H	U	P	O	R	-2
A	N	N	E	E	+1
D	E	V	I	S	-1
R	O	U	G	E	-2
E	J	E	C	T	-1

解答见 105 页

疯狂的方块

★★★☆☆

18. 以下哪个方块与其展开的图不相符？

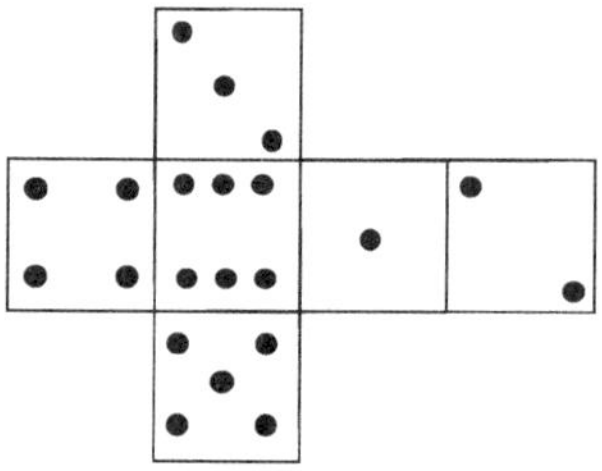

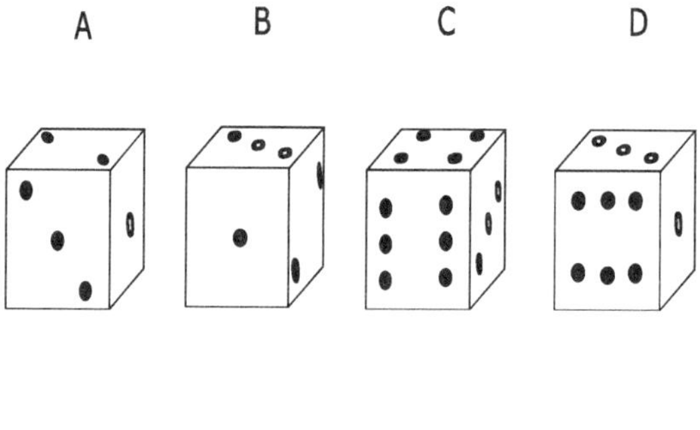

解答见 106 页

类 推

★★☆☆☆

19. 哪一项能将这个类推补充完整?

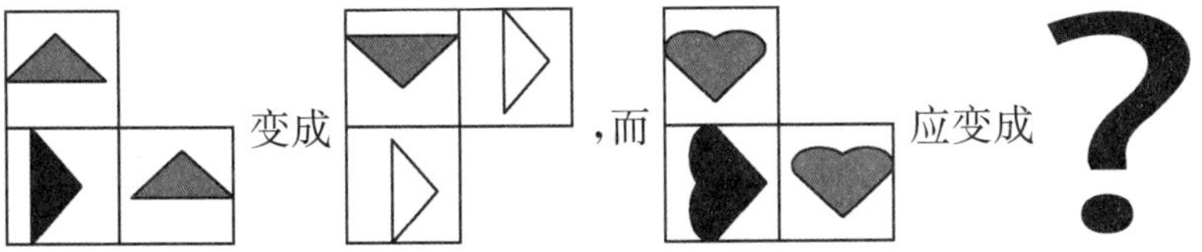

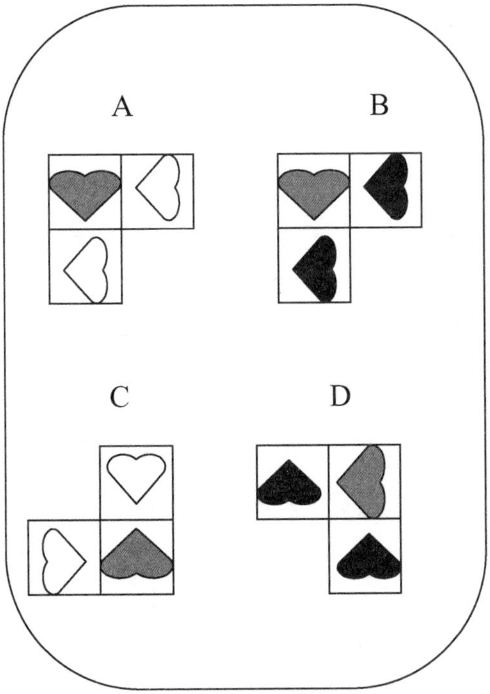

解答见 106 页

模　子

★★☆☆☆

20. 问号处应该填入哪一个选项？

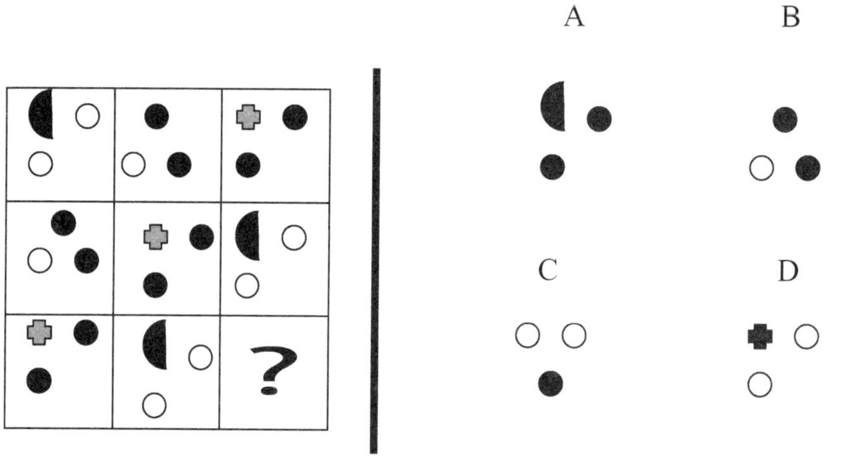

解答见 106 页

纸牌游戏

★★★☆☆

21. 这张翻过来的牌等于多少?

注意:纸牌J、纸牌Q和纸牌K分别等于11、12和13

译者注:纸牌Q在法语中意为王后牌,纸牌K在法语中意为国王牌

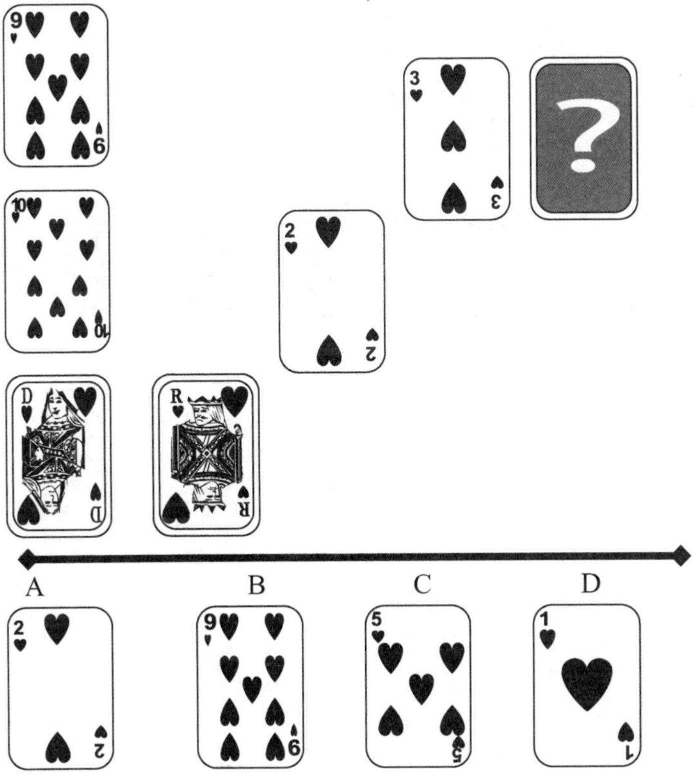

解答见106页

多米诺骨牌

★★★☆☆

22. 四个选项中，最适合填入问号处的多米诺骨牌是哪一张？

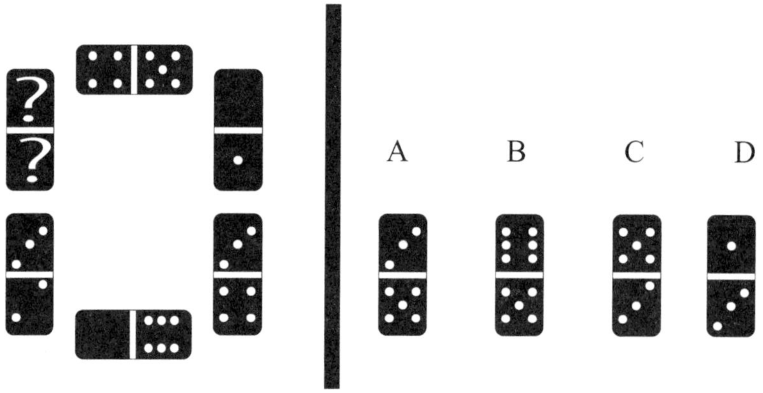

解答见 107 页

魔术表

★★★☆☆

23. 四个选项中，填入哪个符合逻辑推理？

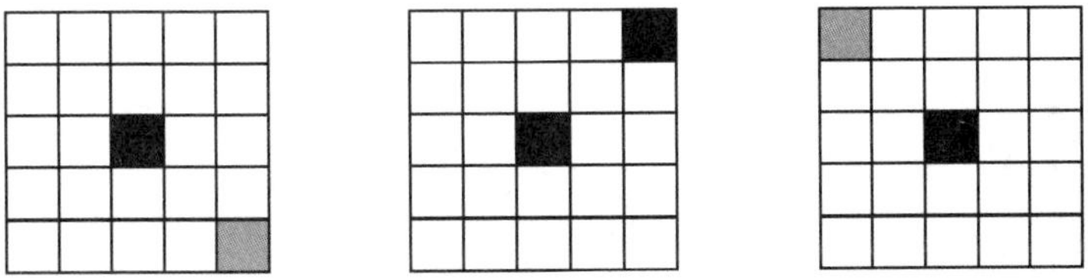

A

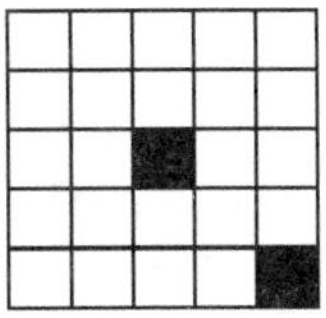

B

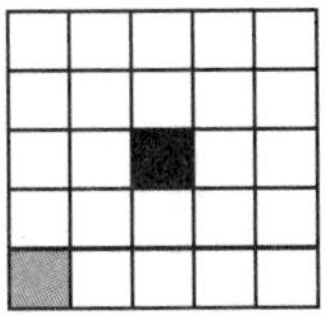

C

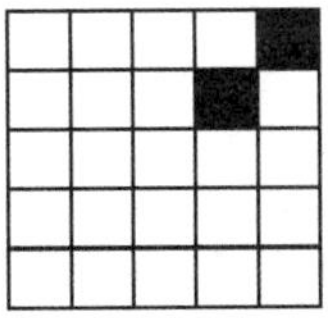

D

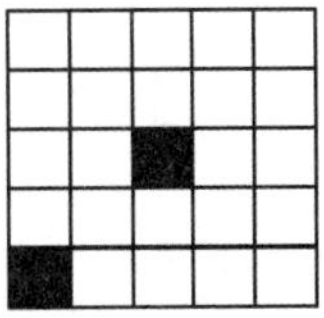

解答见 107 页

魔法树

★★★☆☆

24. 问号处应填入哪一个选项？

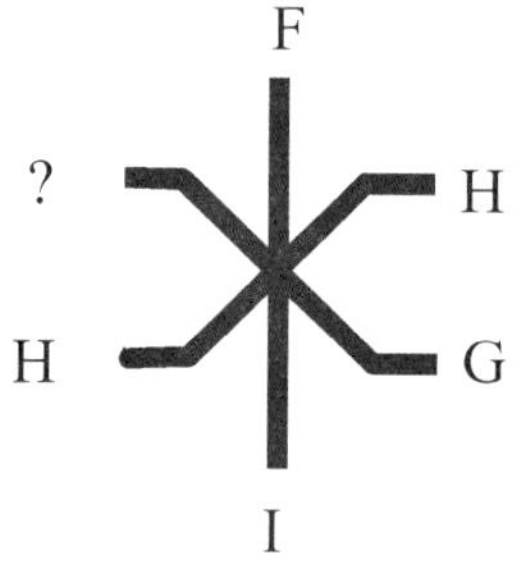

❑ G　　❑ H

❑ D　　❑ J

解答见 107 页

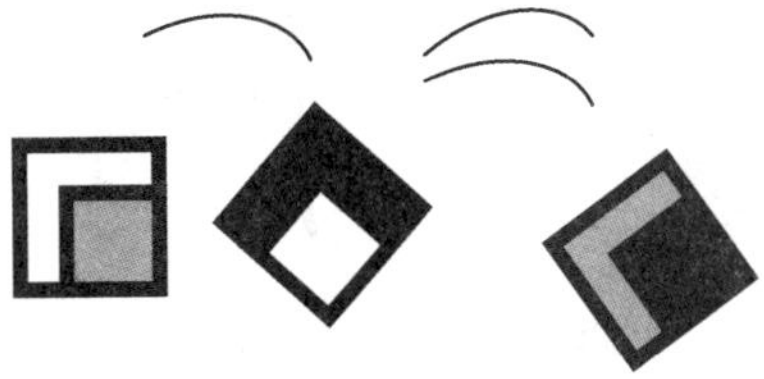

疯狂的正方形

★☆☆☆☆

25. 四个选项中,填入哪个符合逻辑推理?

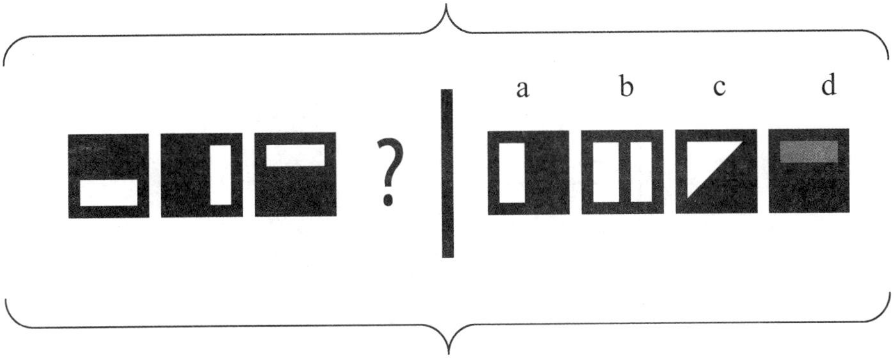

解答见 108 页

隐藏词

★★☆☆☆

26. 从已有的填字格子中，找出隐藏的单词。等差级数的标识用于确定字母的正确位置。+0 的标识表示这个相关的字母为位于正确的位置不需移动。表格总是横向看。

C	L	E	F	+1
O	G	R	E	+1
N	I	E	R	+1
N	A	G	E	-1

解答见 108 页

疯狂的方块

★★★☆☆

27. 以下哪块方块与展开图不相符?

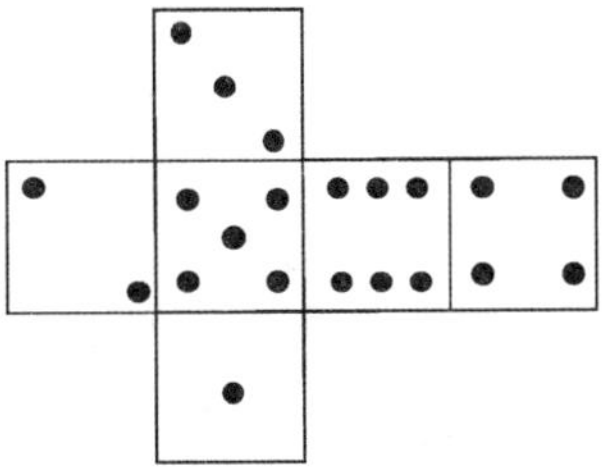

A B C D

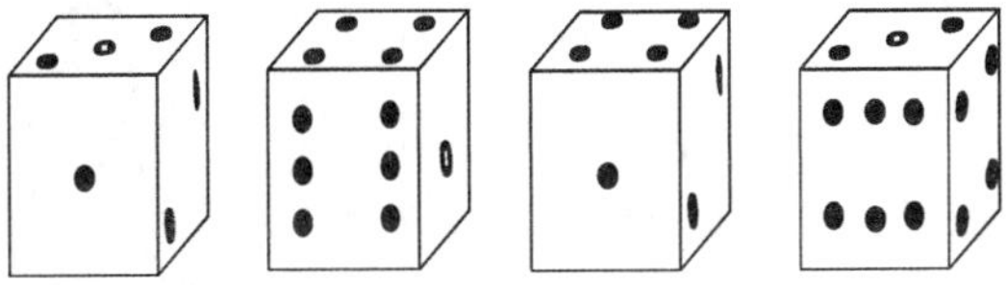

解答见 108 页

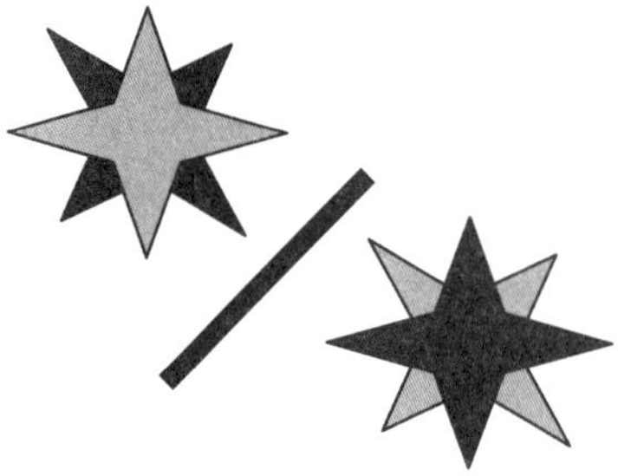

类 推

★★★★☆

28. 哪一项能将这个类推补充完整？

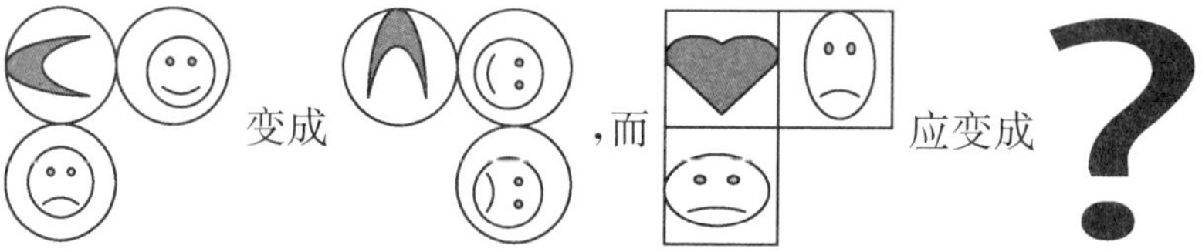

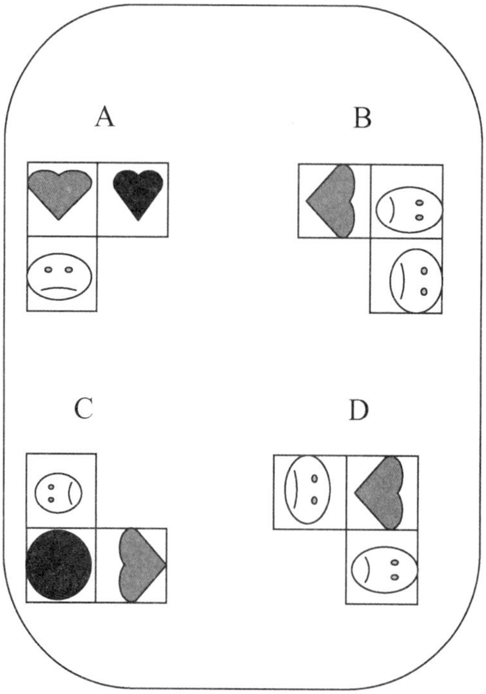

解答见 108 页

模子

★☆☆☆☆

29. 方框中的问号处应该填入哪一个选项？

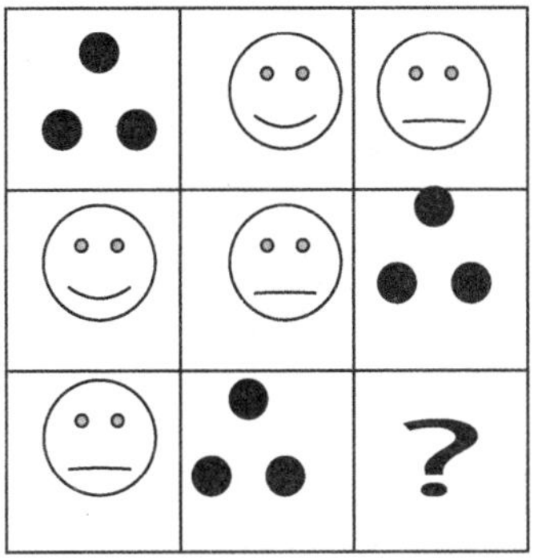

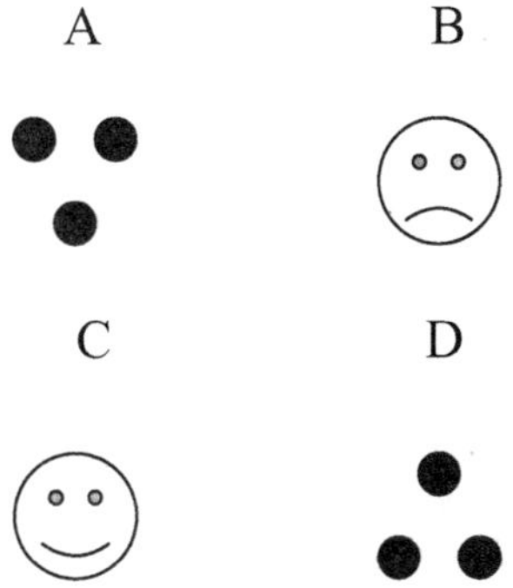

解答见 108 页

纸牌游戏

★★★☆☆

30. 翻过来的这张牌是什么？

注意：纸牌 J、纸牌 Q 和纸牌 K 分别等于 11、12 和 13

译者注：纸牌 Q 在法语中意为王后牌，纸牌 K 在法语中意为国王牌

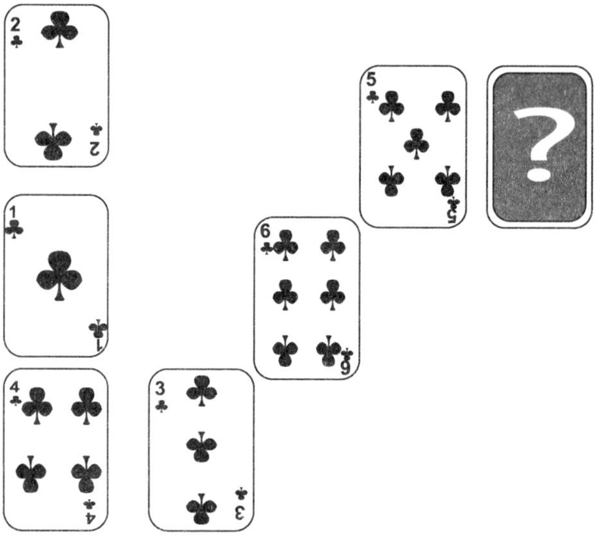

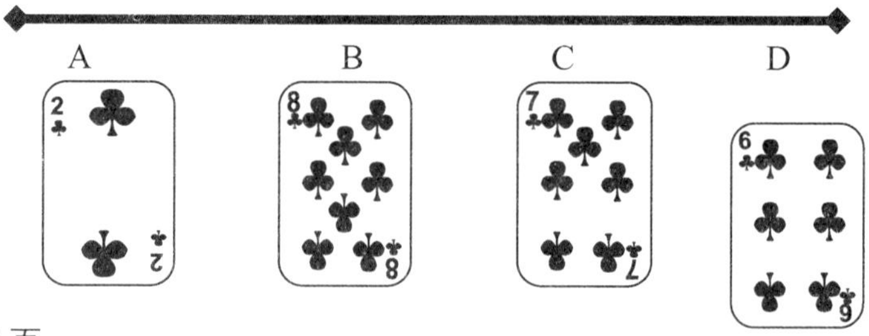

解答见 109 页

多米诺骨牌

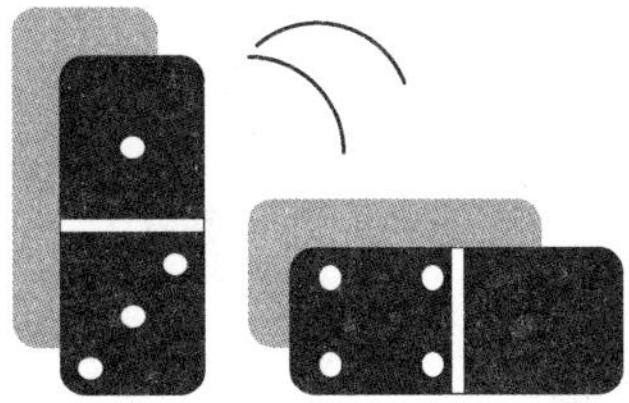

★★★☆☆

31. 四个选项中，最适合填入问号处的多米诺骨牌是哪一张？

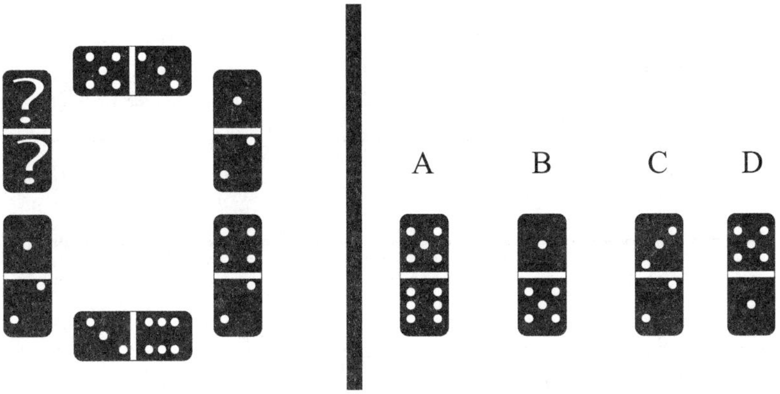

解答见 109 页

魔术表

★★★★☆

32. 四个选项中，填入哪个符合逻辑推理？

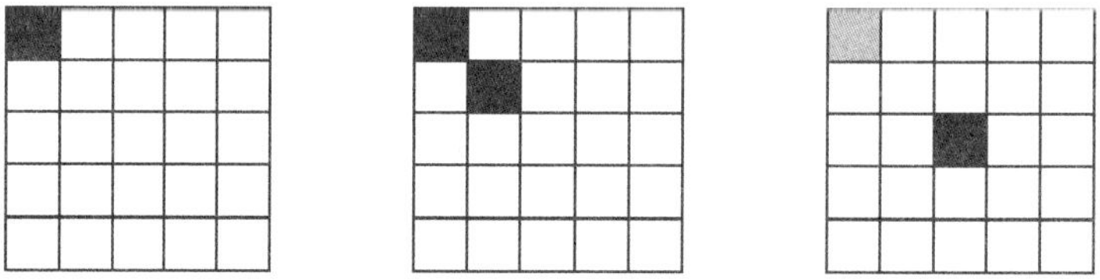

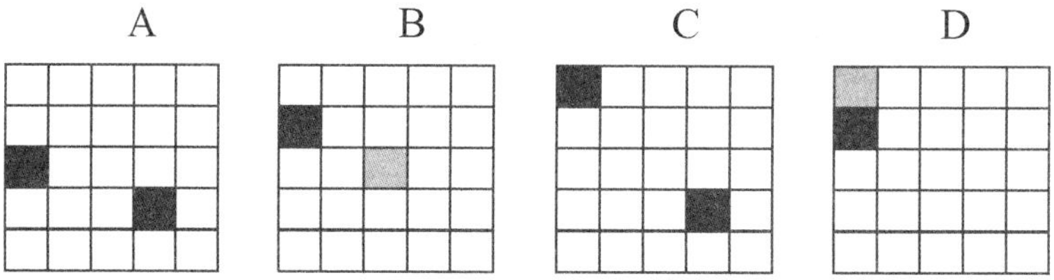

解答见 110 页

魔法树

★★★☆☆

33. 问号处应该填入哪一个选项？

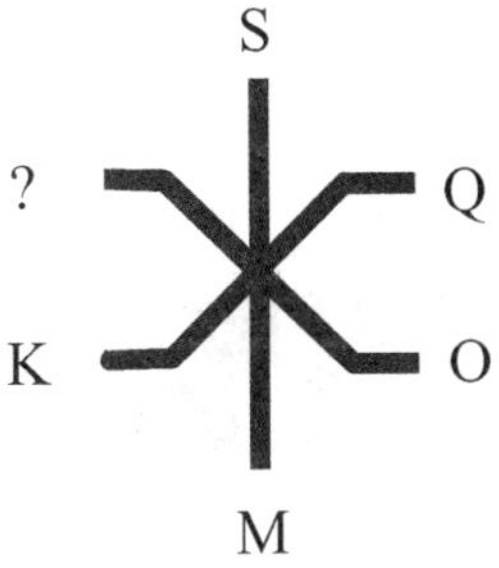

- ❑ I
- ❑ G
- ❑ L
- ❑ H

解答见 110 页

疯狂的正方形

★☆☆☆☆

34. 四个选项中，填入哪个符合逻辑推理？

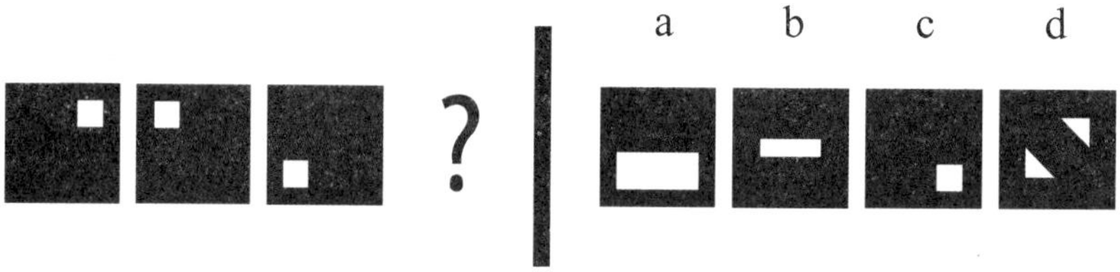

解答见 110 页

隐藏词

★★☆☆☆

35. 从已有的填字格子中，找出隐藏的单词。等差级数的标识用于确定字母的正确位置。+0 的标识表示这个相关的字母为位于正确的位置不需移动。表格总是横向看。

S	A	R	H	-2
O	N	G	L	-3
F	A	G	N	-1
R	I	D	E	+1

解答见 110 页

疯狂的方块

★★★☆☆

36. 以下哪个方块与展开图不相符?

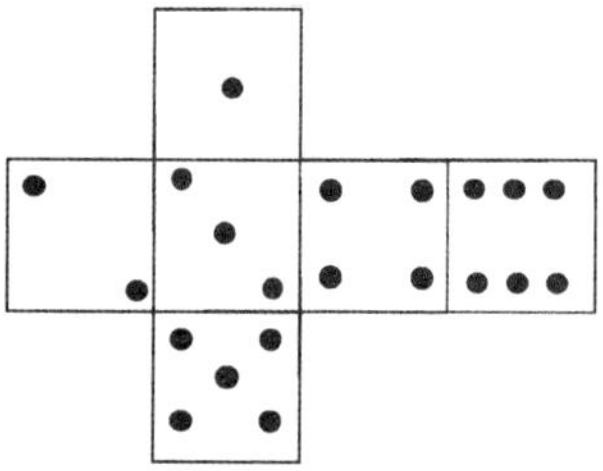

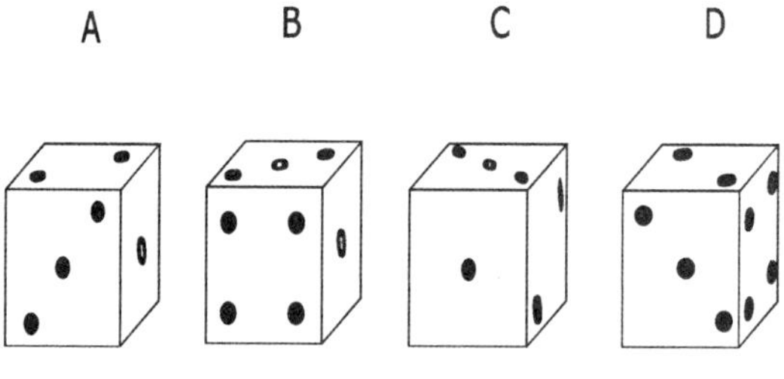

解答见 111 页

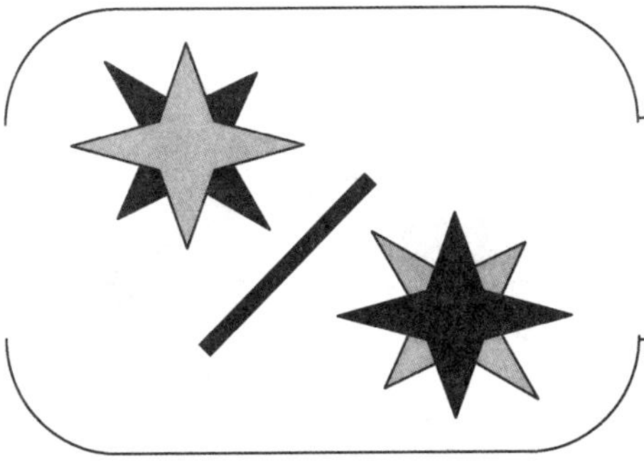

类 推

★★★☆☆

37. 哪一项能将这个类推补充完整?

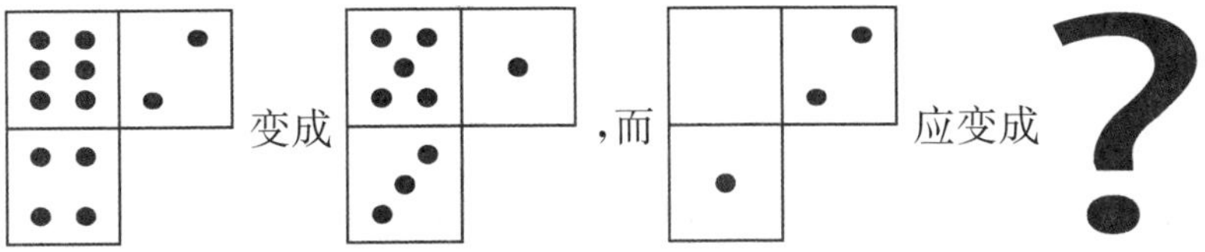

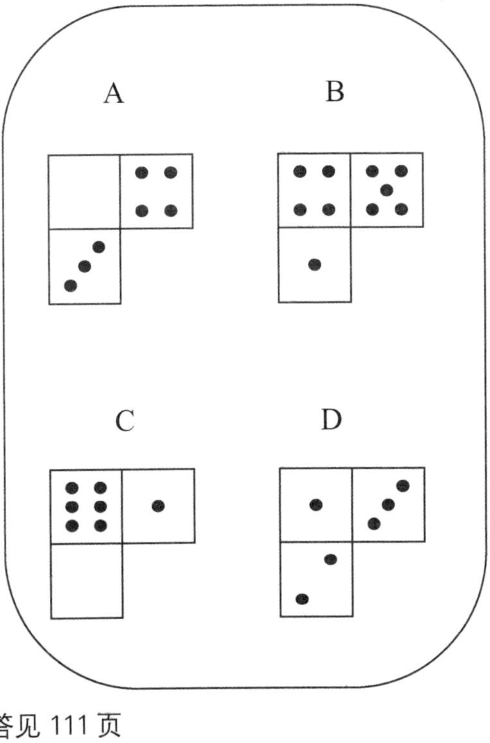

解答见 111 页

模 子

★☆☆☆☆

38. 方框中的问号处应该填入哪一个选项？

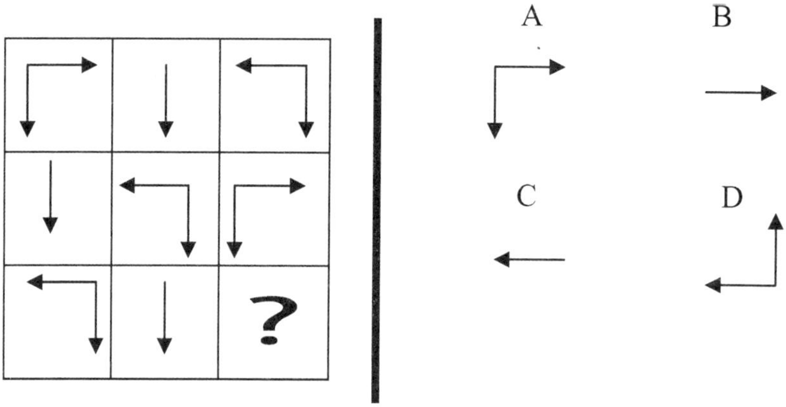

解答见 111 页

纸牌游戏

★★★☆☆

39. 翻过来的这张牌是什么?

注意:纸牌J、纸牌Q和纸牌K分别等于11、12和13

译者注:纸牌Q在法语中意为王后牌,纸牌K在法语中意为国王牌

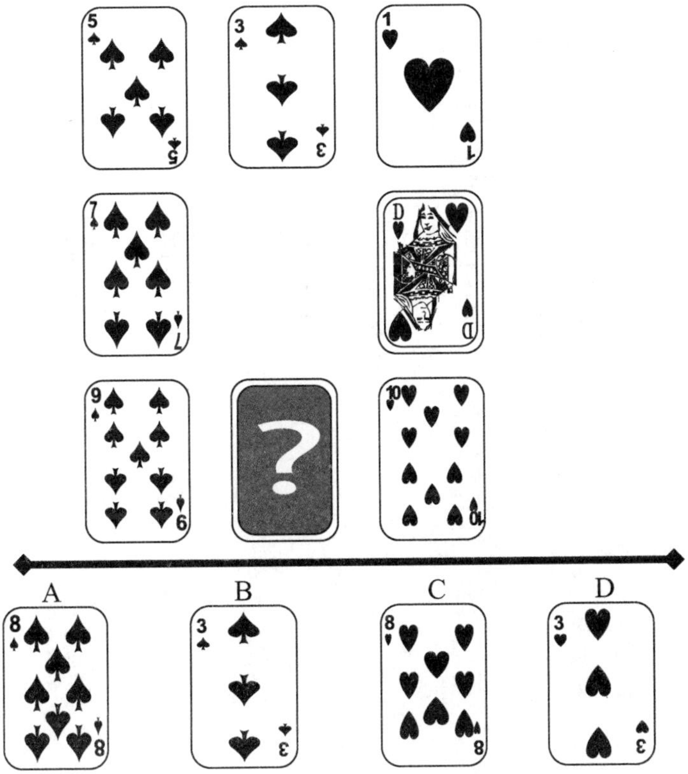

解答见111页

多米诺骨牌

★★☆☆☆

40. 四个选项中，最适合填入问号处的多米诺骨牌是哪一张？

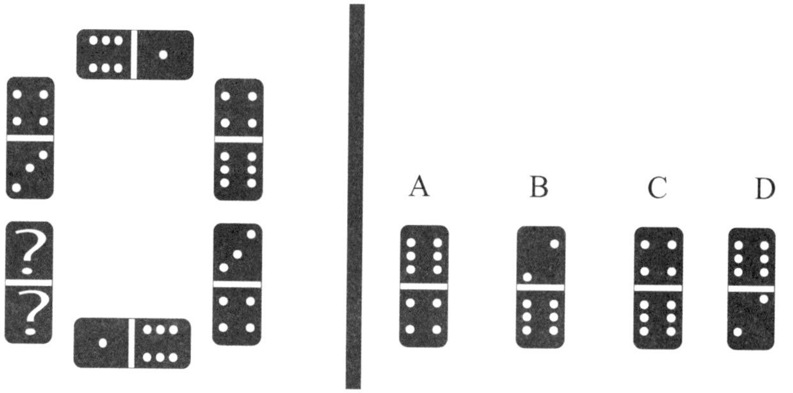

解答见 112 页

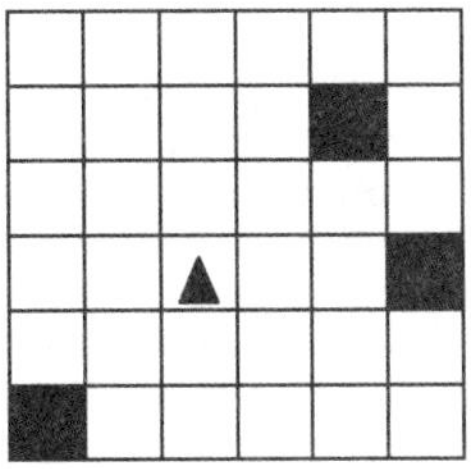

魔术表

★★☆☆☆

41. 四个选项中,填入哪个符合逻辑推理?

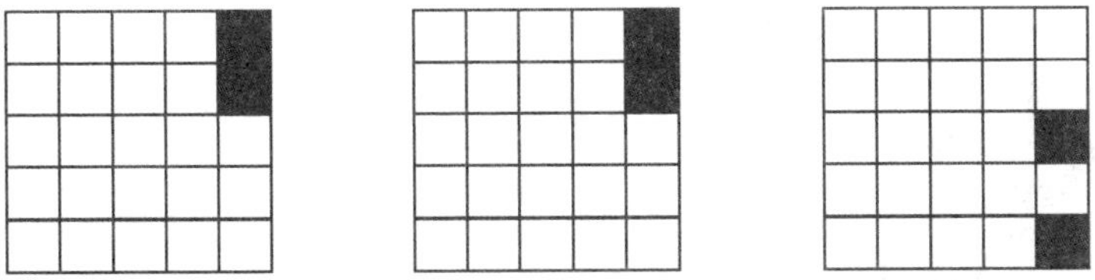

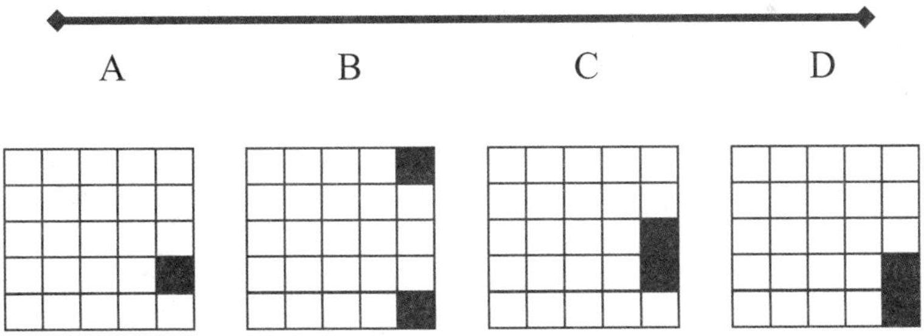

解答见 112 页

魔法树

★☆☆☆☆

42. 问号上应该填入哪一个选项?

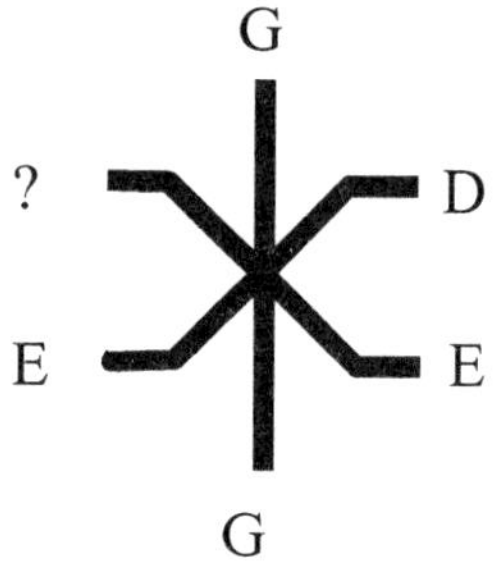

- ☐ M
- ☐ D
- ☐ G
- ☐ I

解答见 112 页

疯狂的正方形

★☆☆☆☆

43. 四个选项中，填入哪个符合逻辑推理？

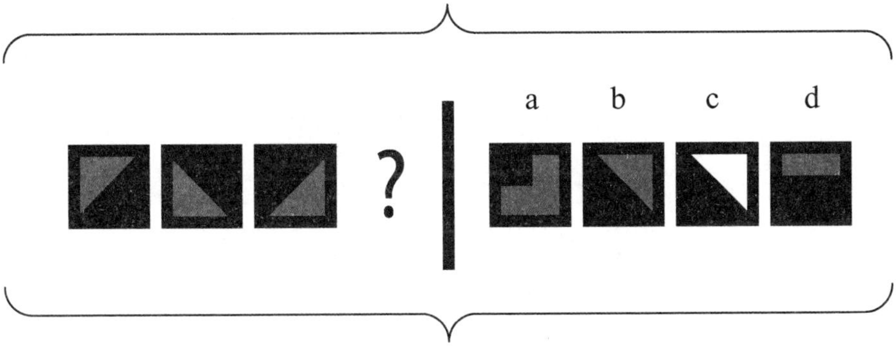

解答见 112 页

隐藏词

★★★☆☆

44. 从已有的填字格子中，找出隐藏的单词。等差级数的标识用于确定字母的正确位置。+0 的标识表示这个相关的字母为位于正确的位置不需移动。表格总是横向看。

P	I	N	G	+1
A	M	E	R	+1
O	N	C	E	+1
T	O	G	E	-1

解答见 113 页

疯狂的方块

★★★☆☆

45. 以下哪个方块与展开图不相符？

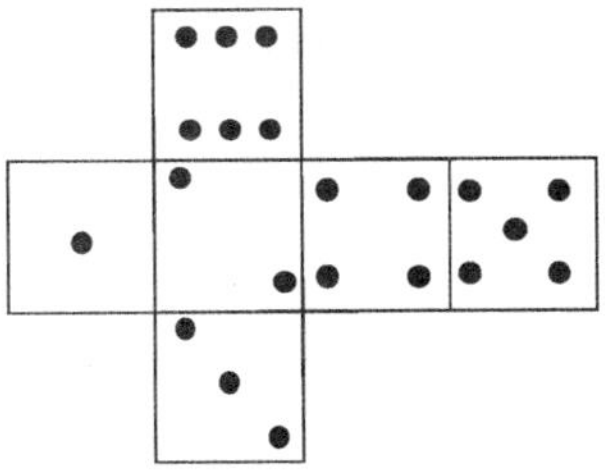

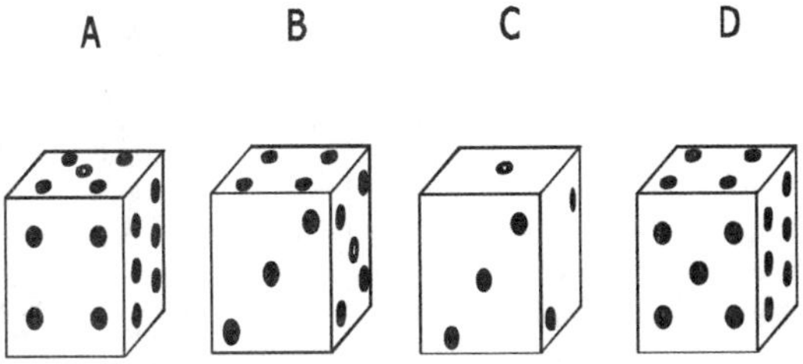

解答见 113 页

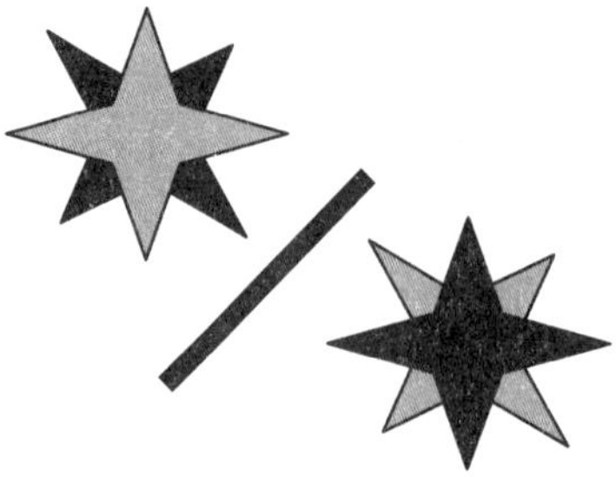

类 推

★★★☆☆

46. 哪一项能将这个类推补充完整？

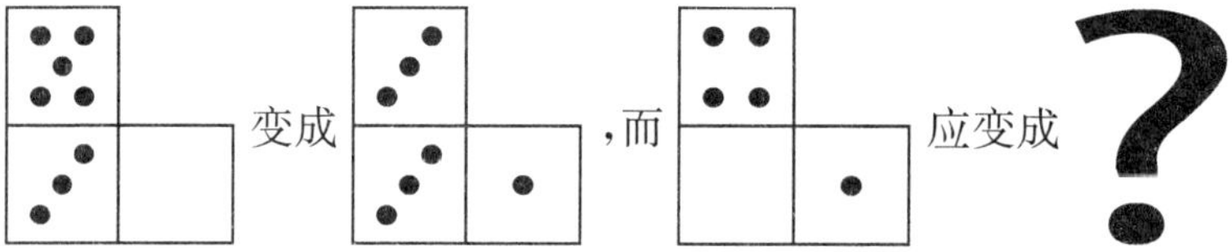

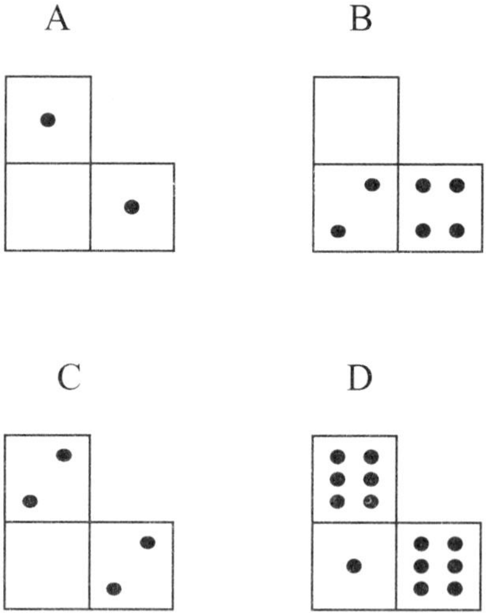

解答见 113 页

模　子

★★☆☆☆

47. 方框中的问号处应该填入哪一个选项？

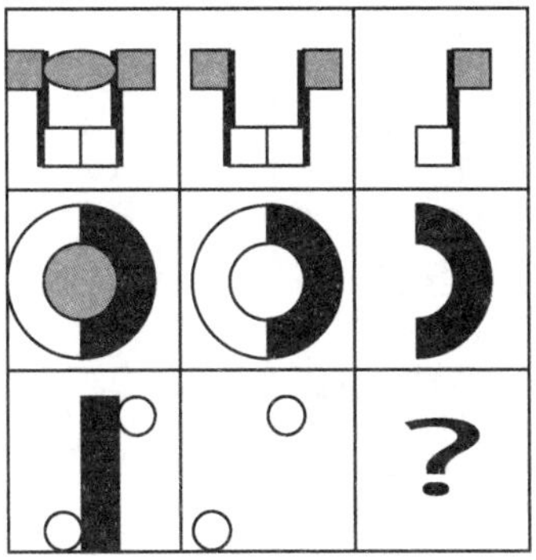

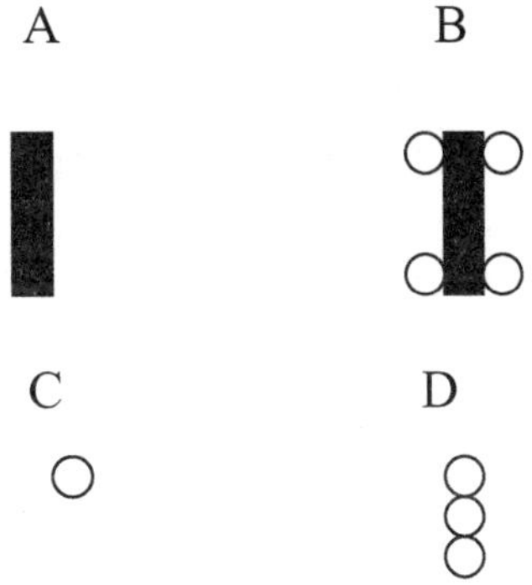

解答见 113 页

纸牌游戏

★★☆☆☆

48. 翻过来的这张牌是什么?

注意:纸牌 J、纸牌 Q 和纸牌 K 分别等于 11、12 和 13

译者注:纸牌 Q 在法语中意为王后牌,纸牌 K 在法语中意为国王牌

A　　B　　C　　D

解答见 114 页

多米诺骨牌

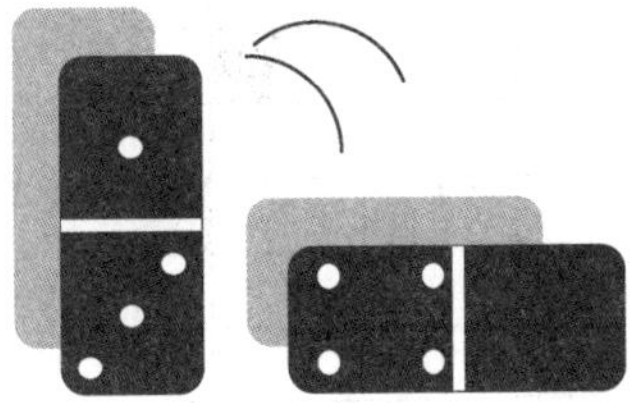

★★★★☆

49. 四个选项中，最适合填入问号处的多米诺骨牌是哪一张？

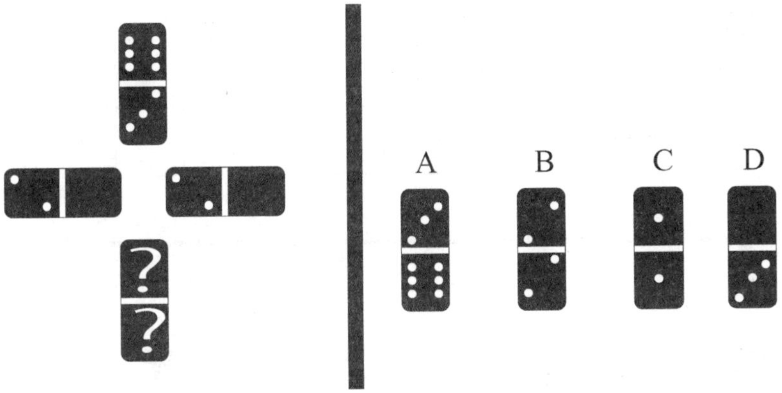

解答见 114 页

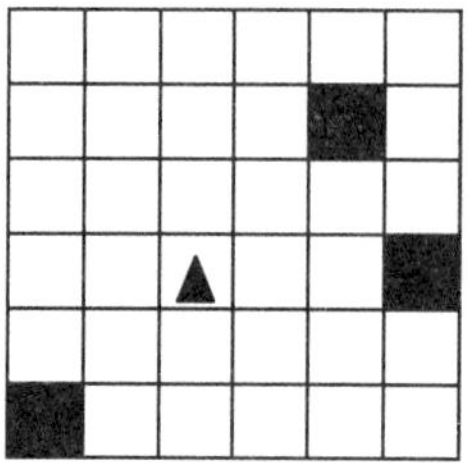

魔术表

★☆☆☆☆

50. 四个选项中,填入哪个符合逻辑推理?

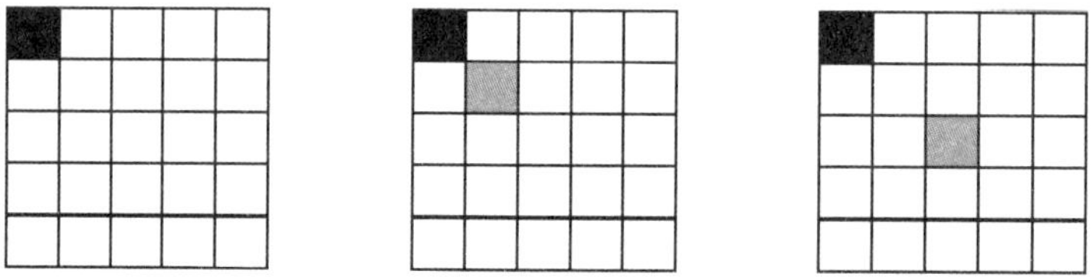

A　　B　　C　　D

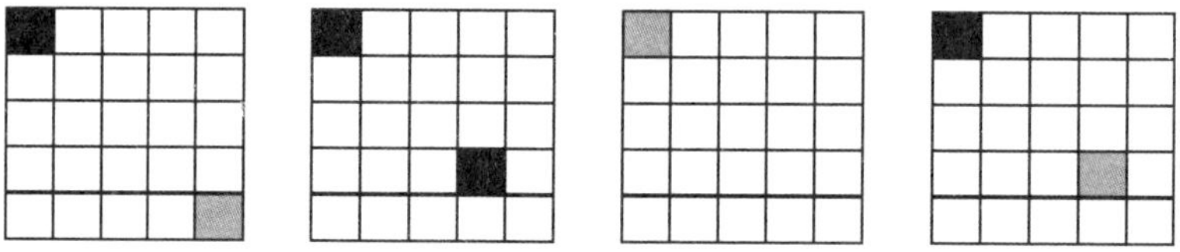

解答见 114 页

魔法树

★★★☆☆

51. 问号上应该填上四个选项中的哪一个？

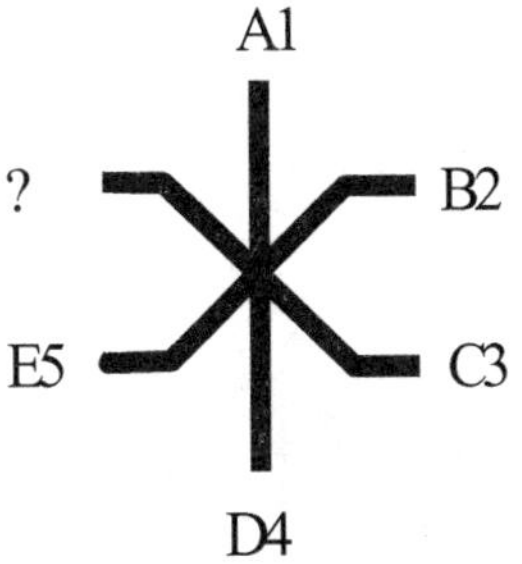

❑ C6　　❑ F5

❑ F6　　❑ B6

解答见 115 页

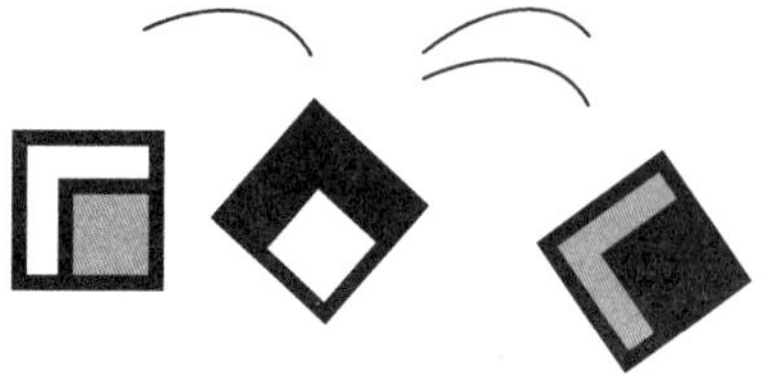

疯狂的正方形

★☆☆☆☆

52. 四个选项中，填入哪个符合逻辑推理？

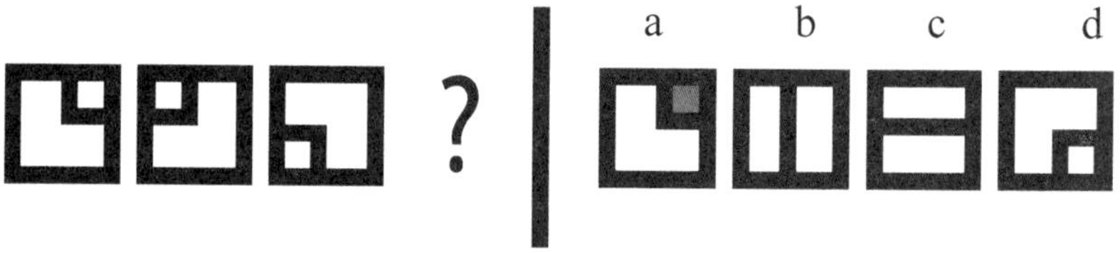

解答见 115 页

隐藏词

★★☆☆☆

53. 从已有的填字格子中，找出隐藏的单词。等差级数的标识用于确定字母的正确位置。+0 的标识表示这个相关的字母为位于正确的位置不需移动。表格总是横向看。

P	A	I	N	-1
M	O	I	S	+1
C	J	I	E	-1
T	I	R	S	+1

解答见 115 页

疯狂的方块

★★★☆☆

54. 以下哪个方块与展开图不相符?

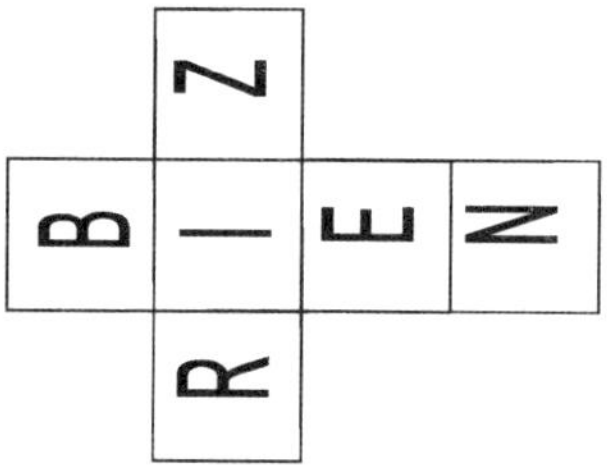

A　　B　　C　　D

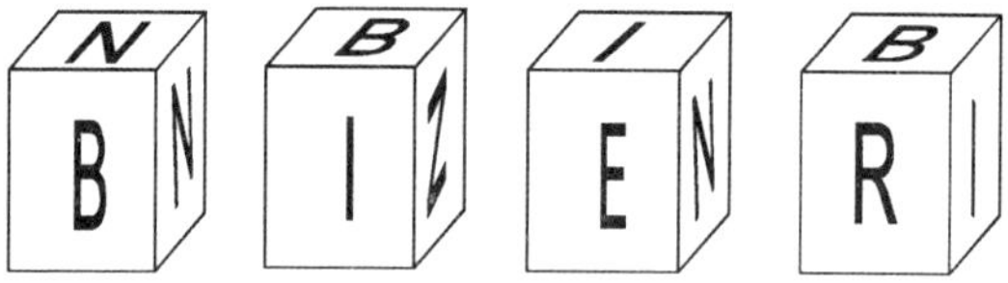

解答见 115 页

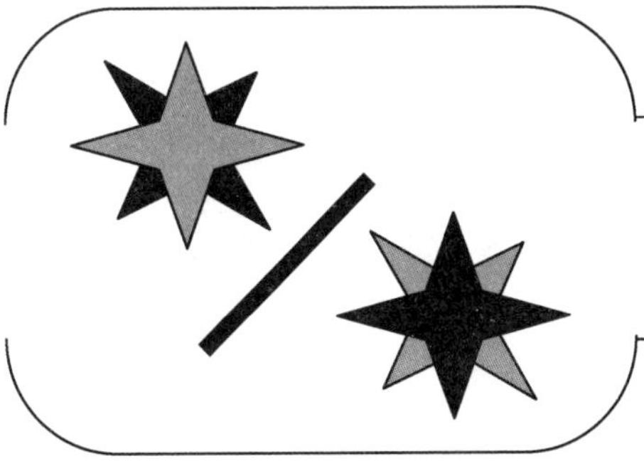

类推

★★★☆☆

55. 哪一项能将这个类推补充完整？

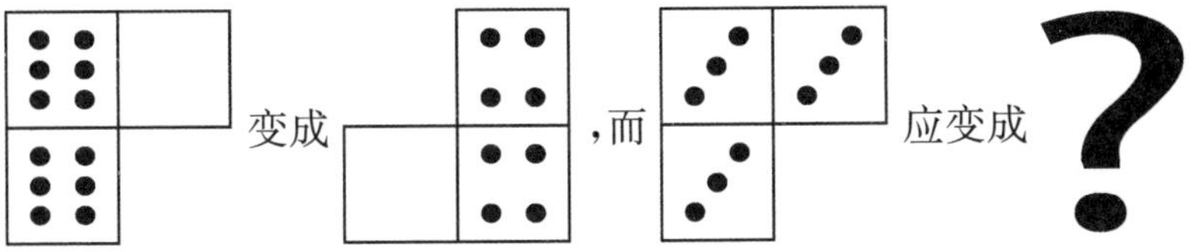

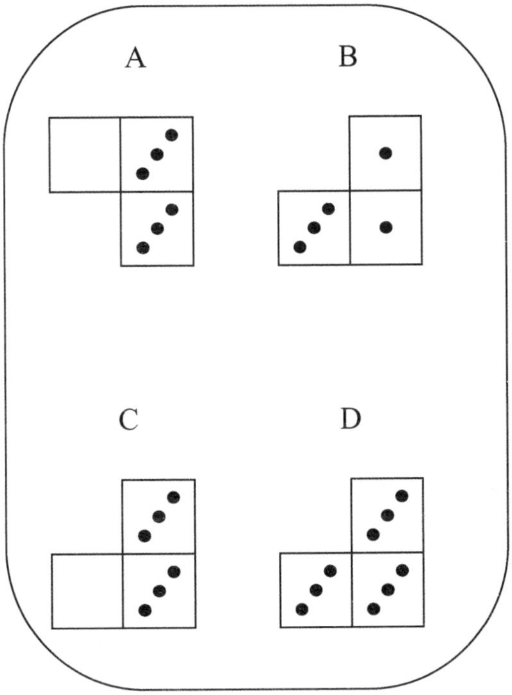

解答见 115 页

模　子

★★★☆☆

56. 方框中的问号处应该填入哪一个选项？

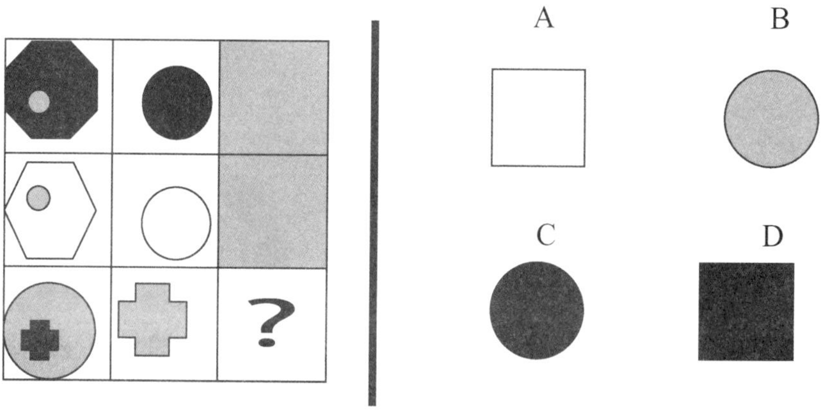

解答见 116 页

纸牌游戏

★★★☆☆

57. 翻过来的这张牌是什么?

注意:纸牌 J、纸牌 Q 和纸牌 K 分别等于 11、12 和 13

译者注:纸牌 Q 在法语中意为王后牌,纸牌 K 在法语中意为国王牌

A B C D

解答见 116 页

多米诺骨牌

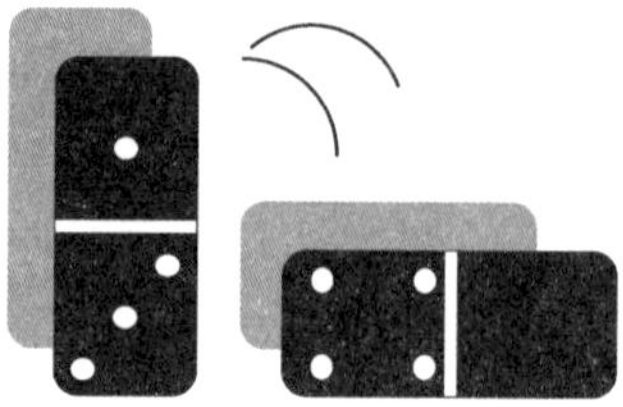

★★☆☆☆

58. 四个选项中，最适合填入问号处的多米诺骨牌是哪一张？

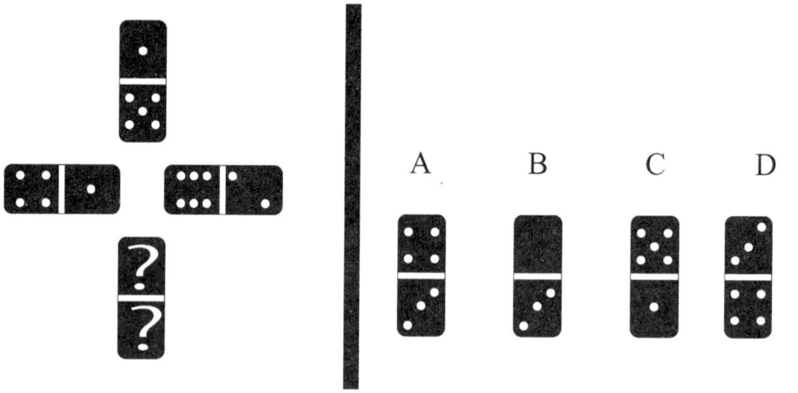

解答见 116 页

魔术表

★★★☆☆

59. 四个选项中，填入哪个符合逻辑推理？

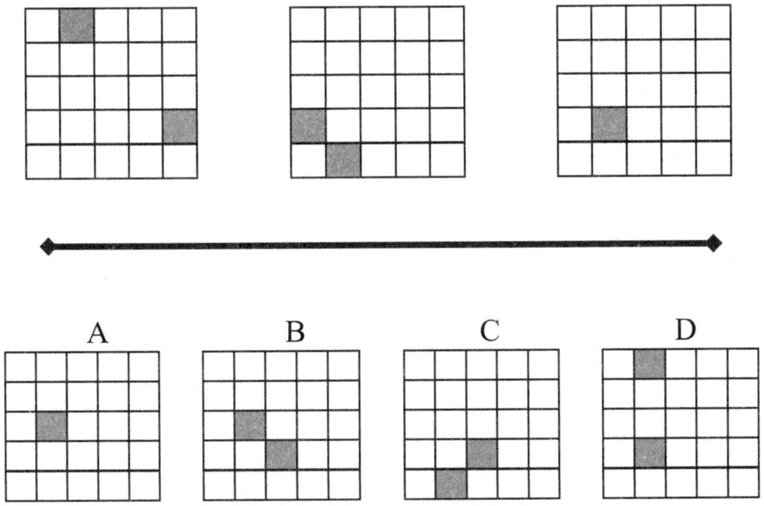

解答见 117 页

魔法树

★★★☆☆

60. 问号处应填入哪一个选项？

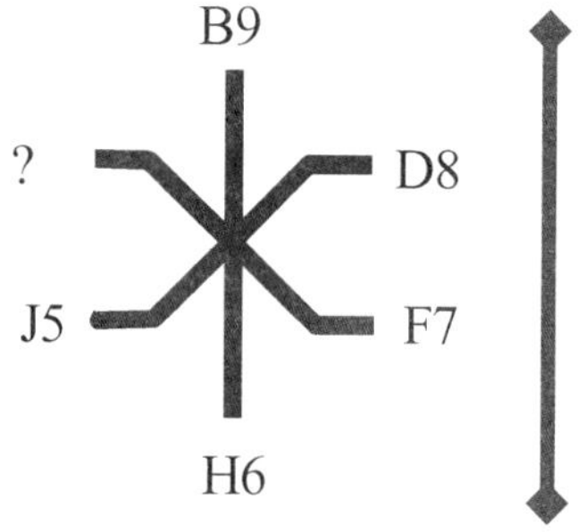

- □ H7
- □ F4
- □ L4
- □ B7

解答见 117 页

疯狂的正方形

★☆☆☆☆

61. 四个选项中，填入哪个符合逻辑推理？

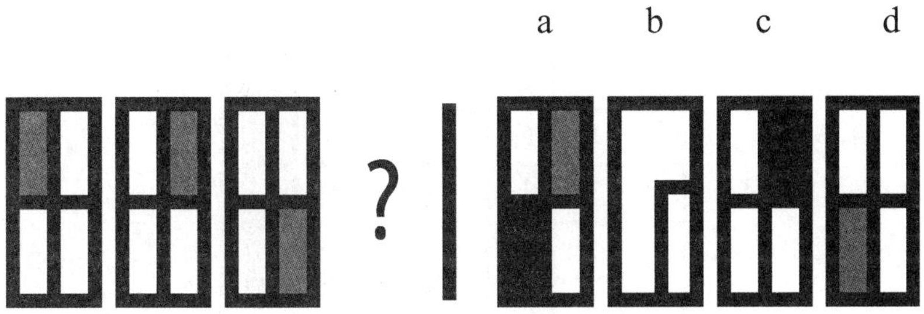

解答见 117 页

隐藏词

★★★★☆

62. 从已有的填字格子中，找出隐藏的单词。等差级数的标识用于确定字母的正确位置。+0 的标识表示这个相关的字母为位于正确的位置不需移动。表格总是横向看。

C	A	L	I	F	E	+2
R	E	G	R	E	T	-2
D	E	L	I	R	E	+1
C	R	O	I	R	E	+0
T	Y	M	P	A	N	-1
S	O	I	R	E	E	-1

解答见 118 页

疯狂的方块

★★★★☆

63. 以下哪个方块与展开图不相符?

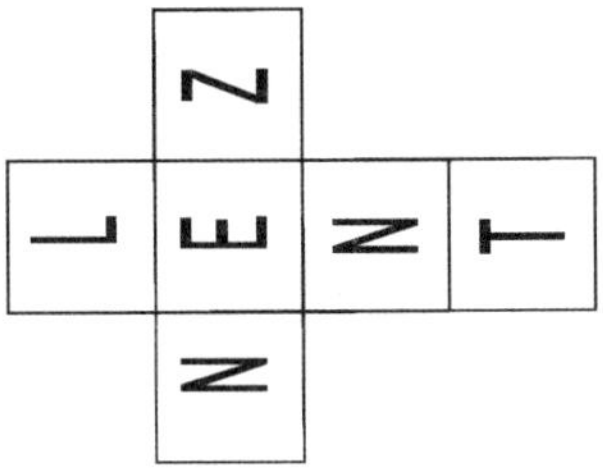

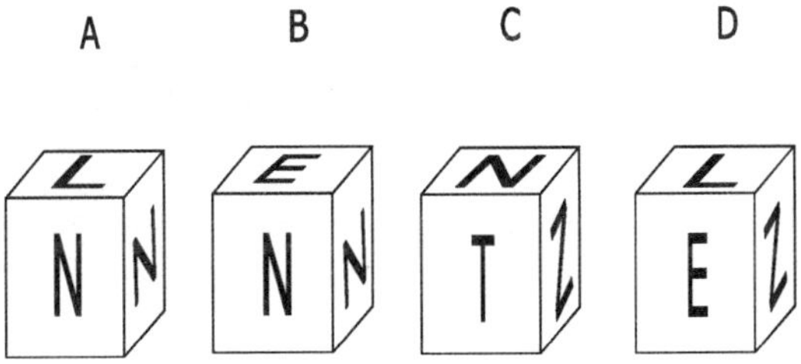

解答见 118 页

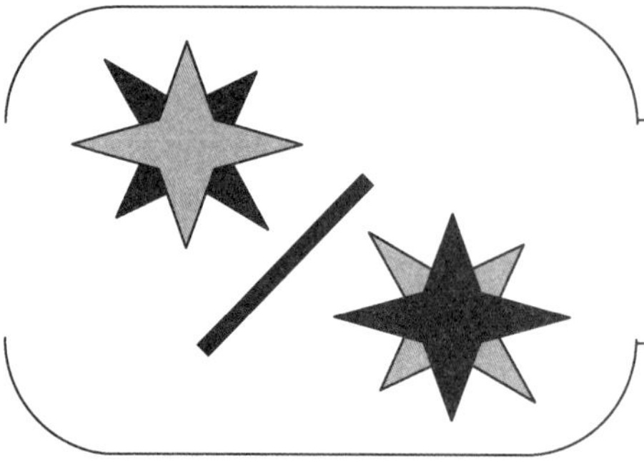

类推

★★★☆☆

64. 哪一项能将这个类推补充完整？

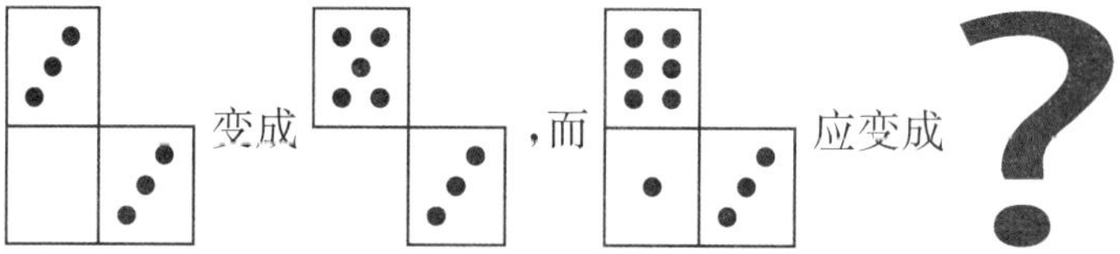

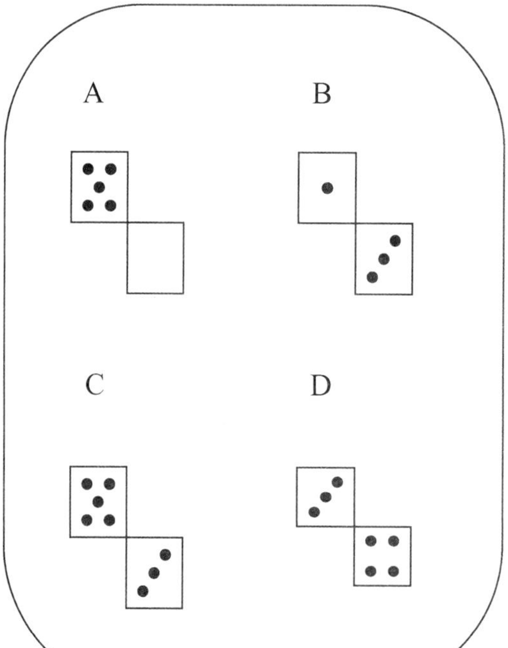

解答见 118 页

模　子

★★★☆☆

65. 方框中的问号处应填入哪一个选项？

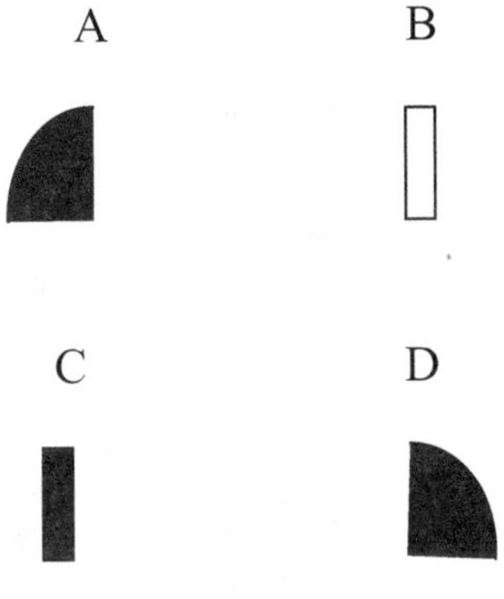

解答见 118 页

纸牌游戏

★★★☆☆

66. 翻过来的这张牌是什么?

注意:纸牌J、纸牌Q和纸牌K分别等于11、12和13

译者注:纸牌Q在法语中意为王后牌,纸牌K在法语中意为国王牌

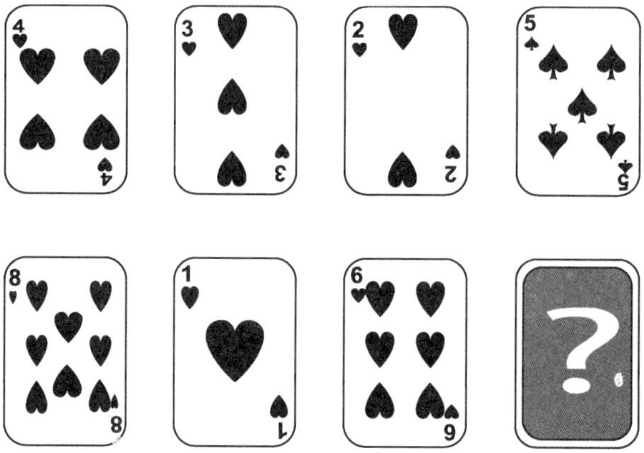

A　　B　　C　　D

解答见119页

多米诺骨牌

★★☆☆☆

67. 四个选项中,最适合填入问号处的多米诺骨牌是哪一张?

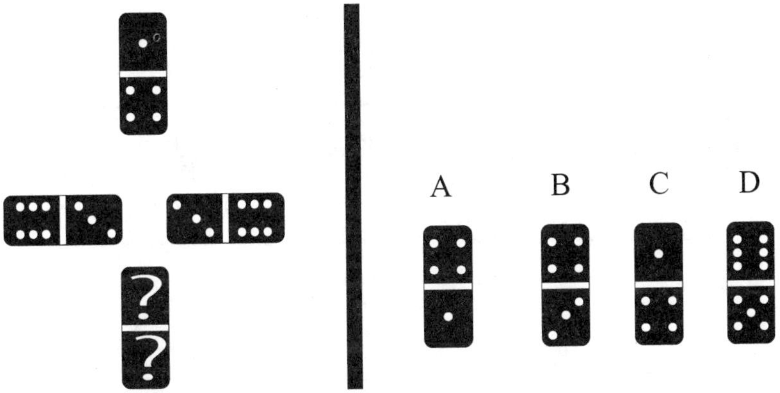

解答见 119 页

魔术表

★★★☆☆

68. 四个选项中，填入哪个符合逻辑推理？

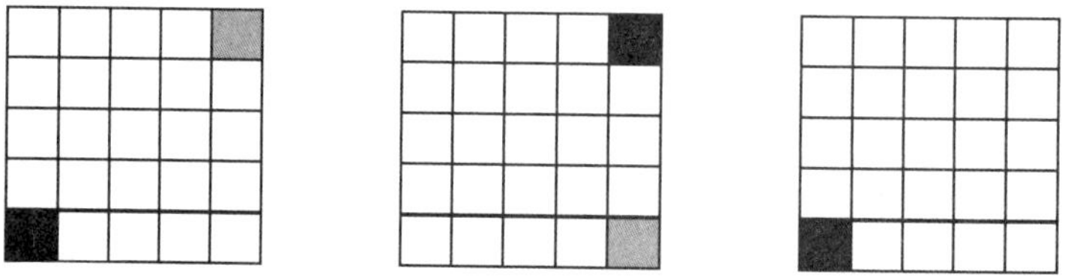

A　　B　　C　　D

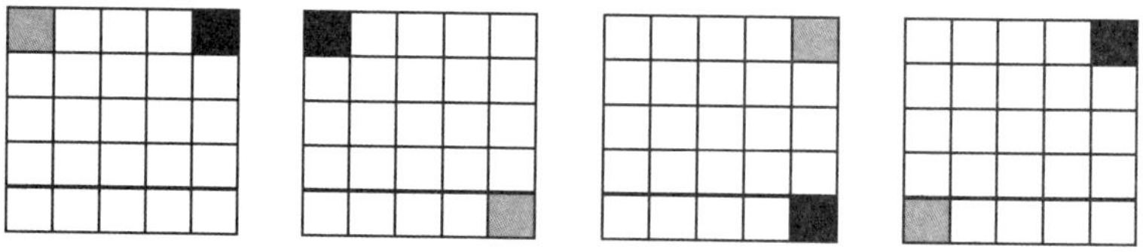

解答见 119 页

魔法树

★★★★★

69. 问号处应填入哪一个选项?

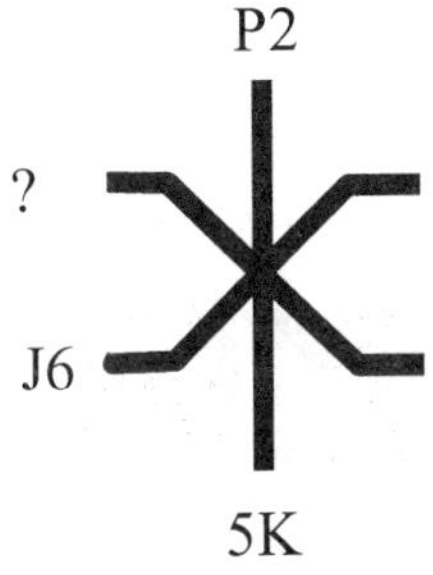

- ☐ 7H
- ☐ I4
- ☐ 4I
- ☐ H7

解答见 120 页

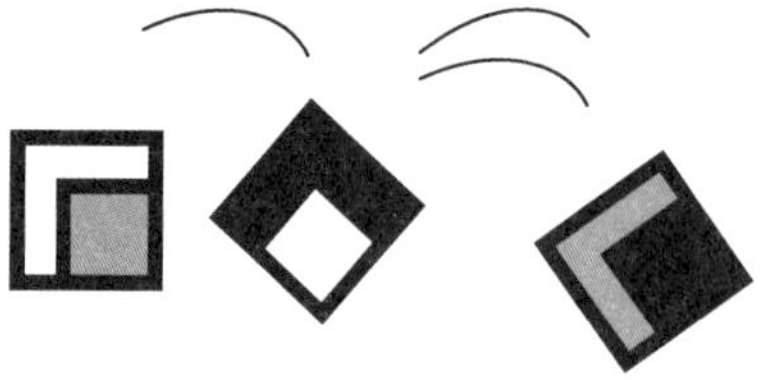

疯狂的正方形

★★☆☆☆

70. 四个选项中，填入哪个符合逻辑推理？

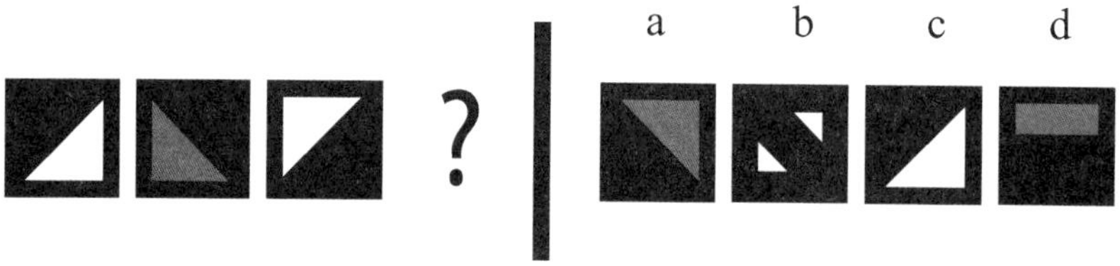

解答见 120 页

隐藏词

★★★☆☆

71. 从已有的填字格子中，找出隐藏的单词。等差级数的标识用于确定字母的正确位置。+0 的标识表示这个相关的字母为位于正确的位置不需移动。表格总是横向看。

O	M	B	U	D	-1
V	U	P	H	A	+2
C	I	O	Q	U	+1
O	C	R	Z	M	+1
M	C	H	E	P	+1

解答见 120 页

疯狂的方块

★★★★☆

72. 以下哪个方块与展开图不相符?

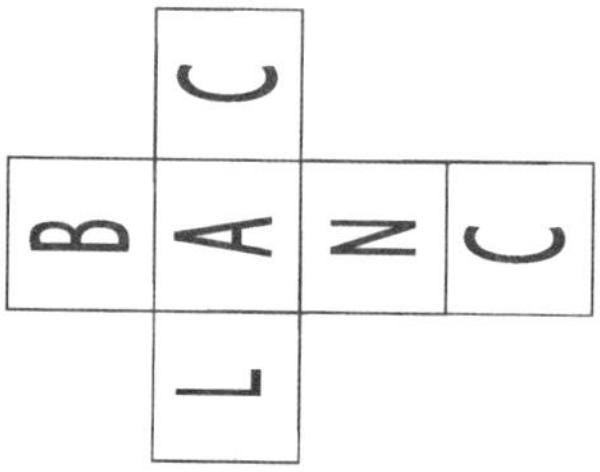

A B C D

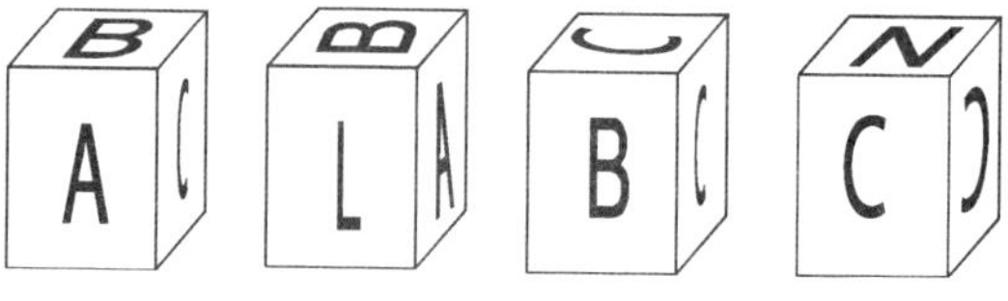

解答见 120 页

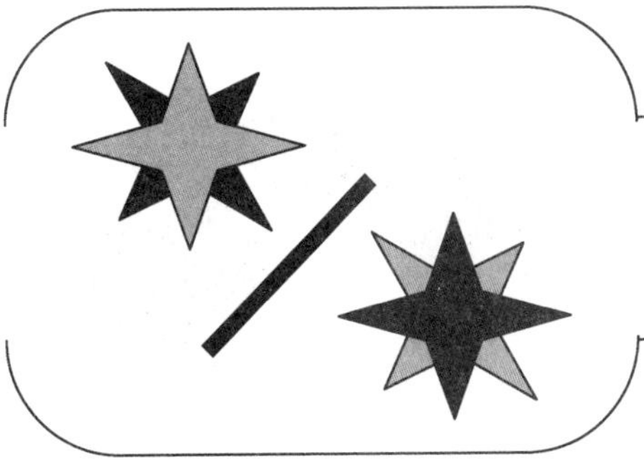

类 推

★★★☆☆

73. 哪一项能将这个类推补充完整？

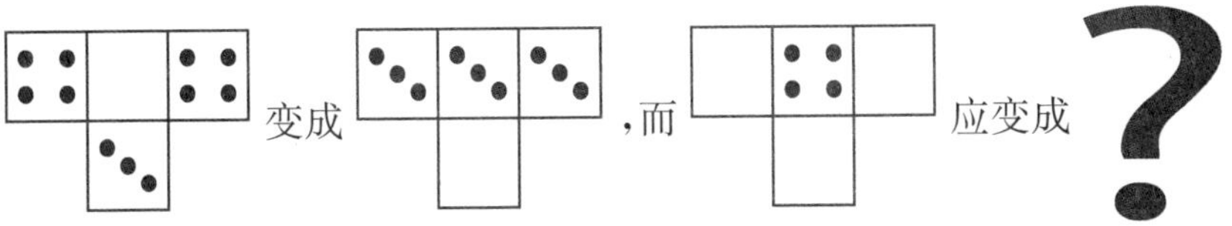

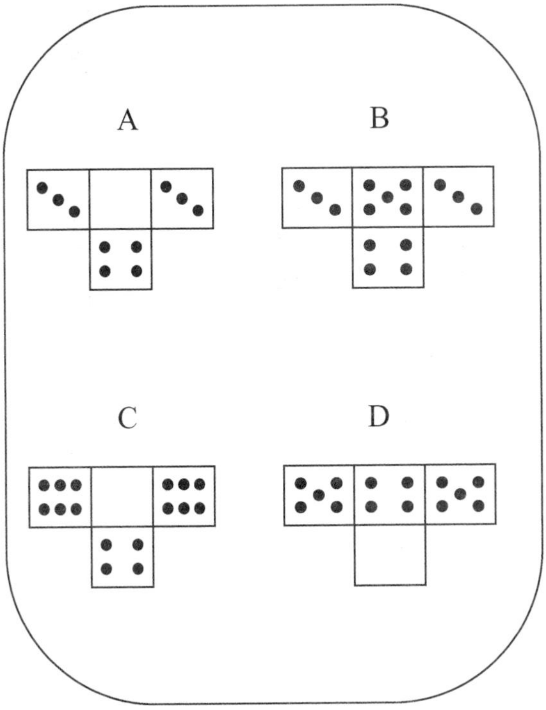

解答见 120 页

模　子

★★★☆☆

74. 方框中的问号处应填入哪一个选项？

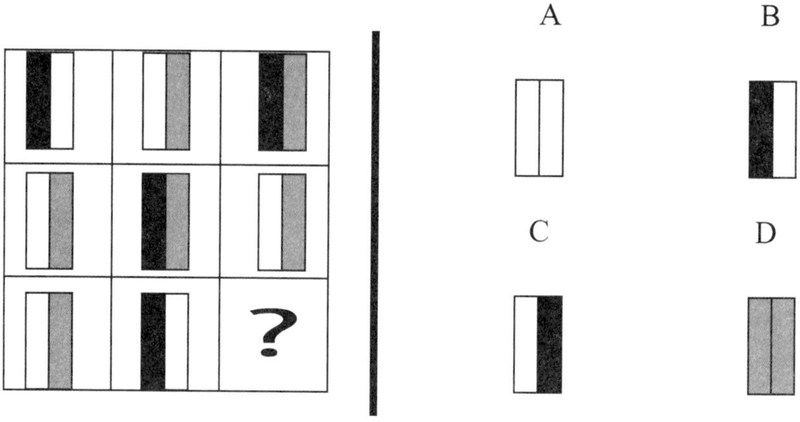

解答见 121 页

纸牌游戏

★★☆☆☆

75. 翻过来的这张牌是什么?

注意:纸牌 J、纸牌 Q 和纸牌 K 分别等于 11、12 和 13

译者注:纸牌 Q 在法语中意为王后牌,纸牌 K 在法语中意为国王牌

A　　B　　C　　D

解答见 121 页

多米诺骨牌

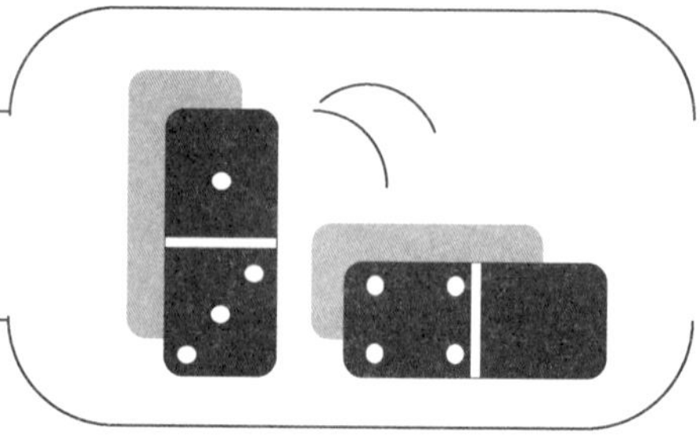

★★☆☆☆

76. 四个选项中，最适合填入问号处的多米诺骨牌是哪一张？

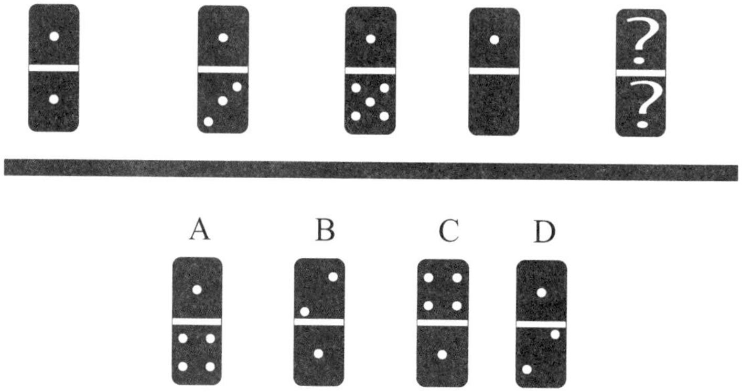

解答见 121 页

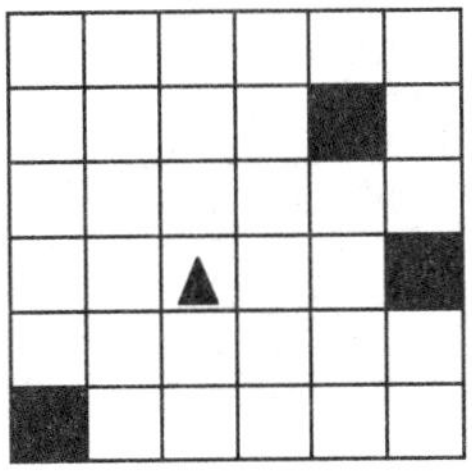

魔术表

★★★★☆

77. 四个选项中，填入哪个符合逻辑推理？

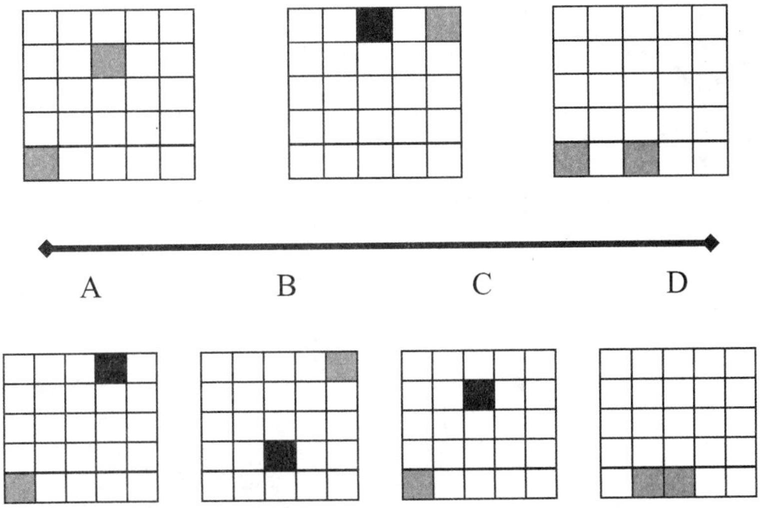

解答见 121 页

魔法树

★★★☆☆

78. 问号处应填入哪一个选项？

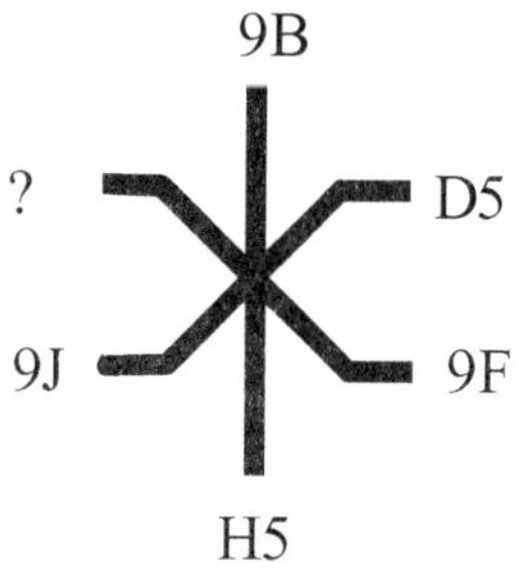

- ❑ 9I
- ❑ 5G
- ❑ L5
- ❑ H9

解答见 122 页

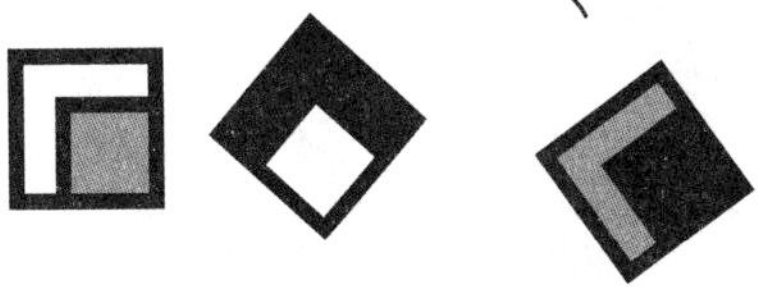

疯狂的正方形

★★☆☆☆

79. 四个选项中，填入哪个符合逻辑推理？

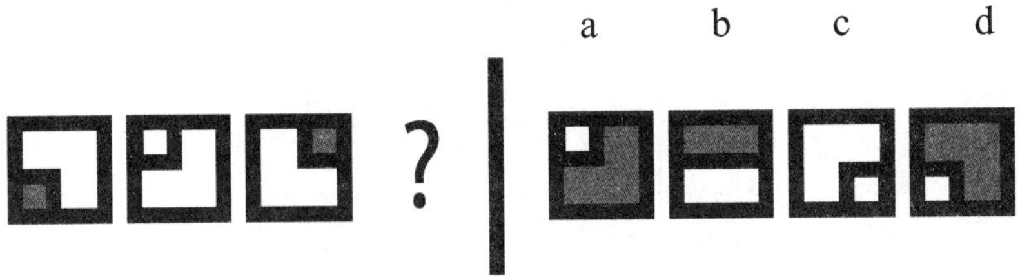

解答见 122 页

隐藏词

★★★★☆

80. 从已有的填字格子中,找出隐藏的单词。等差级数的标识用于确定字母的正确位置。+0 的标识表示这个相关的字母为位于正确的位置不需移动。表格总是横向看。

P	A	G	O	C	+1
R	O	U	D	B	+1
Q	U	F	I	K	-1
H	A	V	A	S	-1
F	O	D	E	T	+1

解答见 122 页

疯狂的方块

★★★☆☆

81. 以下哪个方块与展开图不相符？

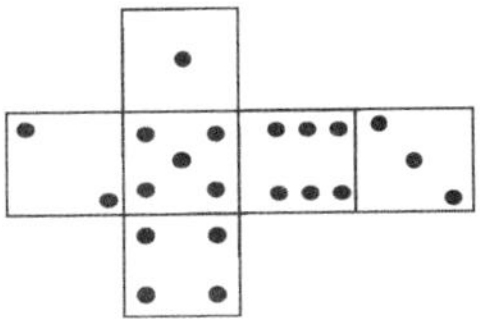

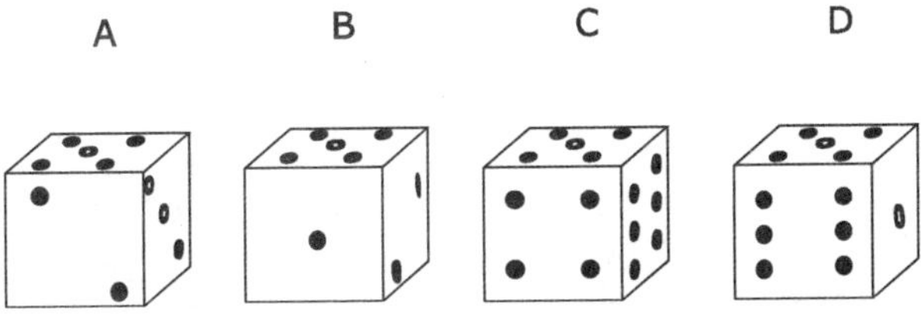

解答见 122 页

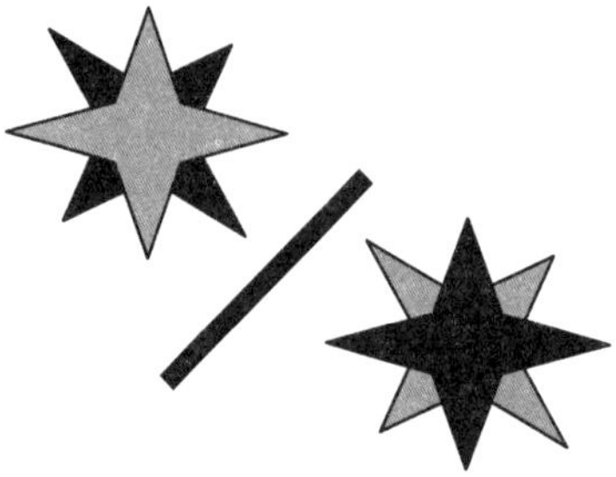

类 推

★★☆☆☆

82. 哪一项能将这个类推补充完整?

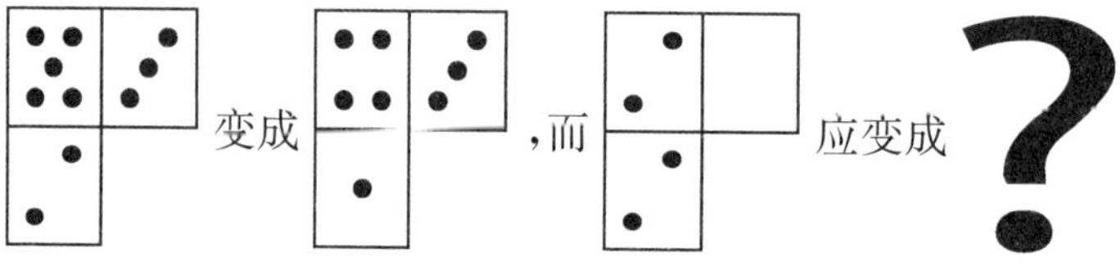

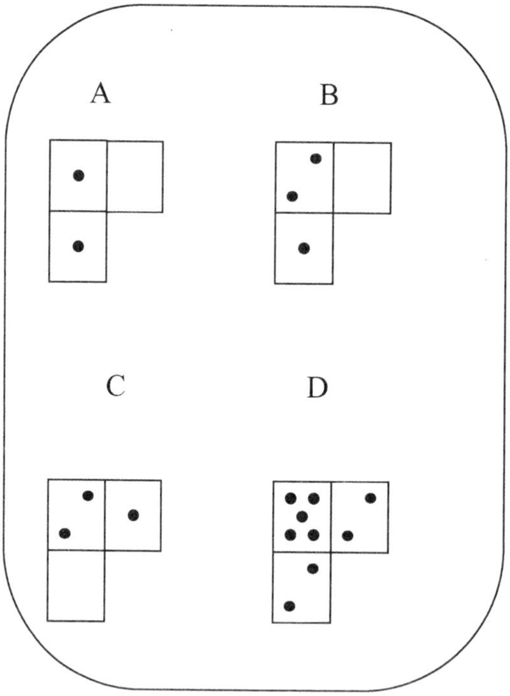

解答见 122 页

模 子

★★★☆☆

83. 方框中的问号处应填入哪一个选项？

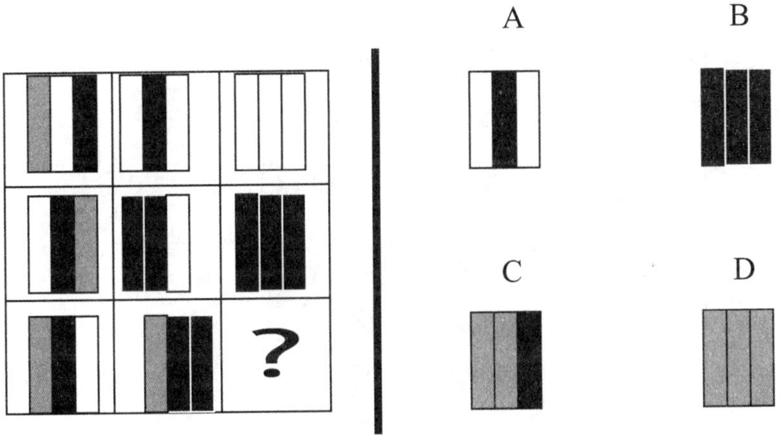

解答见 123 页

纸牌游戏

★★★☆☆

84. 翻过来的这张牌是什么?

注意:纸牌J、纸牌Q和纸牌K分别等于11、12和13

译者注:纸牌Q在法语中意为王后牌,纸牌K在法语中意为国王牌

解答见123页

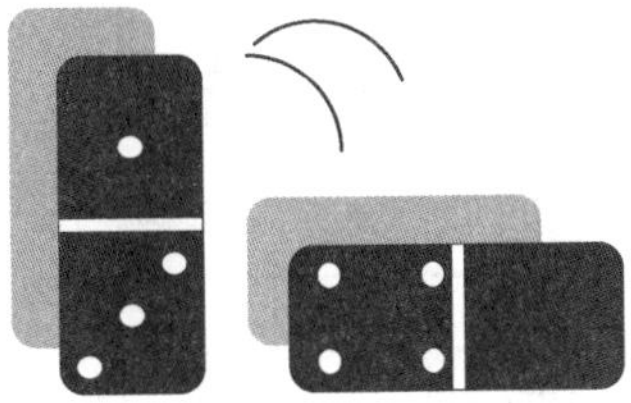

多米诺骨牌

★★★☆☆

85. 四个选项中，最适合填入问号处的多米诺骨牌是哪一张？

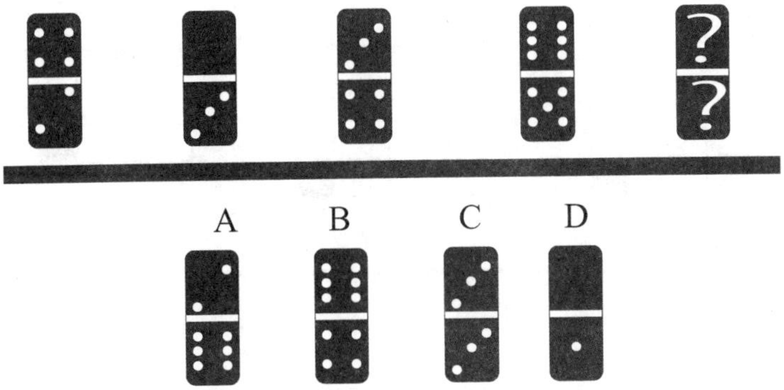

解答见 123 页

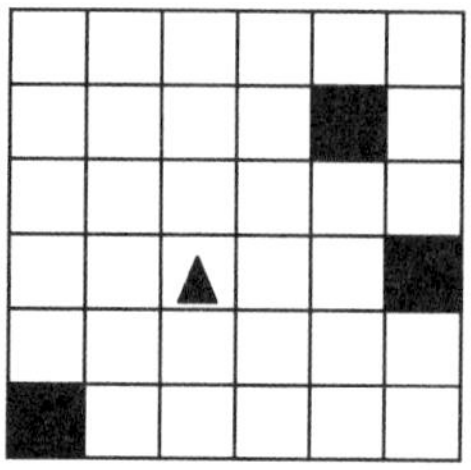

魔术表

★★☆☆☆

86. 四个选项中，填入哪个符合逻辑推理？

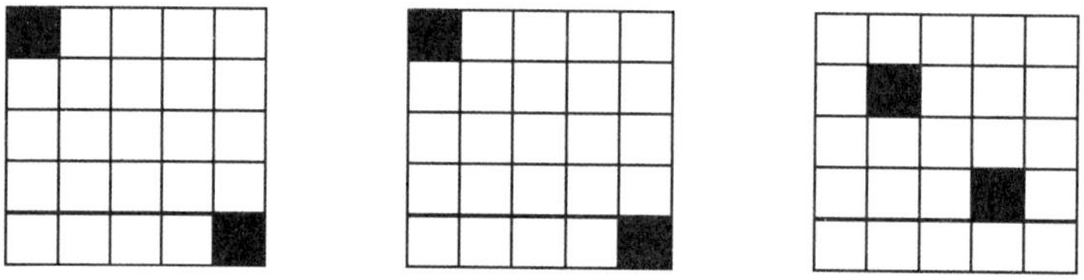

A　　B　　C　　D

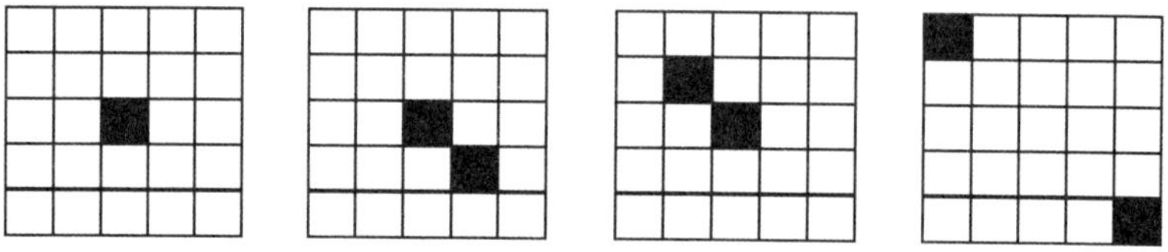

解答见 124 页

魔法树

★★★★★

87. 问号处应填入哪一个选项?

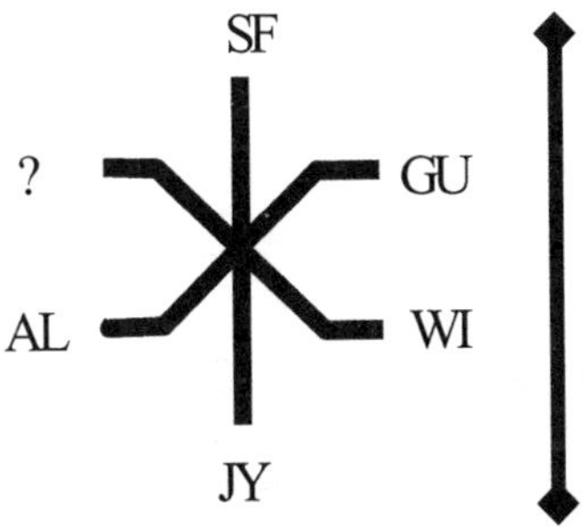

- ❑ IR
- ❑ MC
- ❑ LK
- ❑ HM

解答见 124 页

疯狂的正方形

★★★☆☆

88. 四个选项中，填入哪个符合逻辑推理？

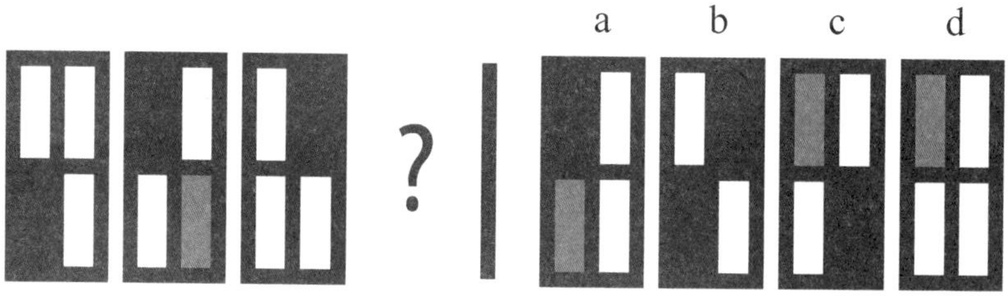

解答见124页

隐藏词

★★★★☆

89. 从已有的填字格子中，找出隐藏的单词。等差级数的标识用于确定字母的正确位置。+0 的标识表示这个相关的字母为位于正确的位置不需移动。表格总是横向看。

R	O	N	C	A	+1
G	R	O	U	D	+1
D	E	R	M	O	+1
Q	U	I	T	N	-1
B	O	N	T	P	+1

解答见 125 页

疯狂的方块

★★★☆☆

90. 以下哪个方块与展开图不相符？

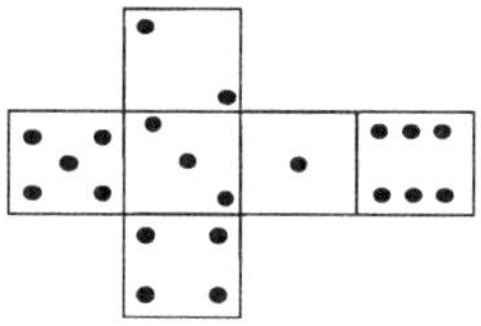

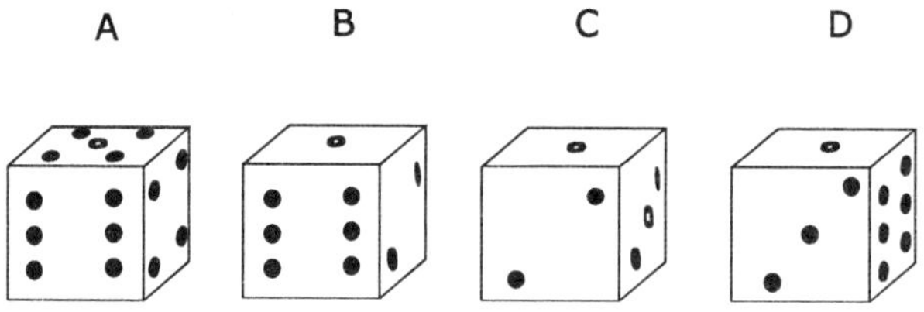

解答见 125 页

类 推

★★☆☆☆

91. 哪一项能将这个类推补充完整?

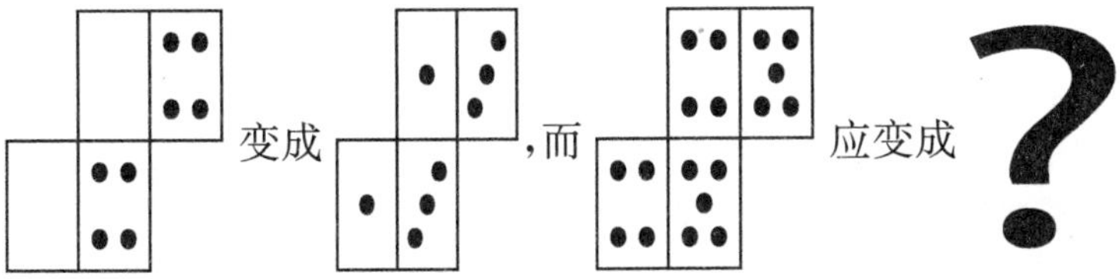

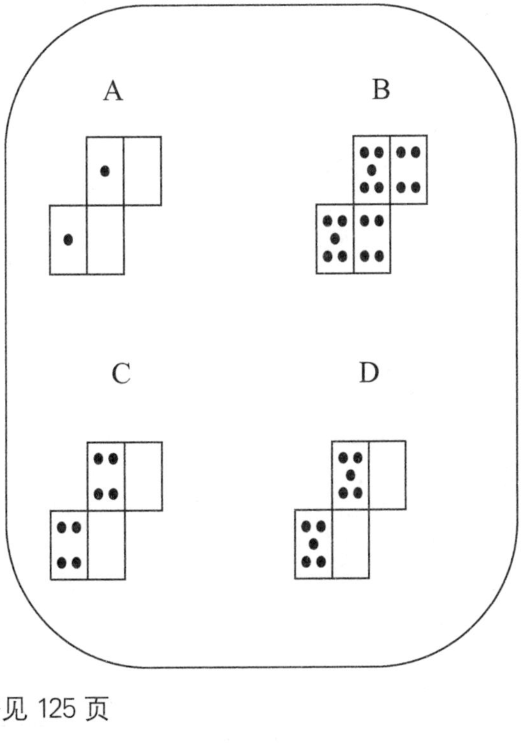

解答见 125 页

模　子

★★☆☆☆

92. 方框中的问号处应填入哪一个选项?

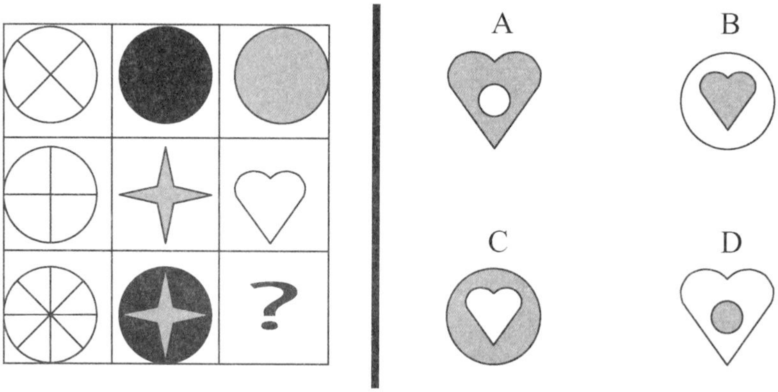

解答见 125 页

纸牌游戏

★★★☆☆

93. 翻过来的这张牌是什么?

注意:纸牌 J、纸牌 Q 和纸牌 K 分别等于 11、12 和 13

译者注:纸牌 Q 在法语中意为王后牌,纸牌 K 在法语中意为国王牌

A　　B　　C　　D

解答见 126 页

多米诺骨牌

★★☆☆☆

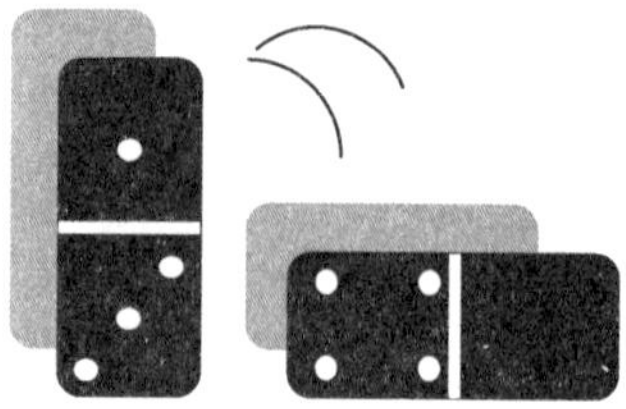

94. 四个选项中,最适合填入问号处的多米诺骨牌是哪一张?

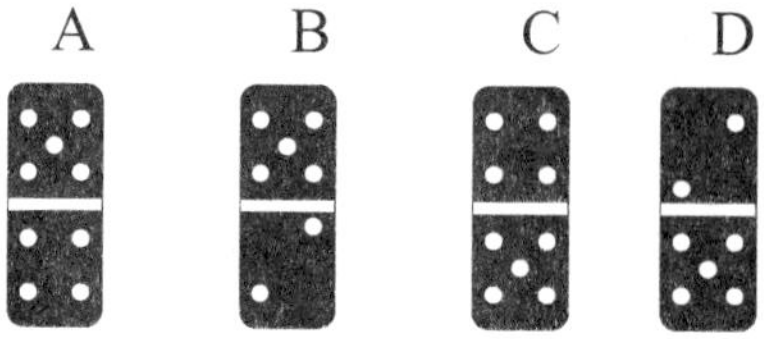

解答见 126 页

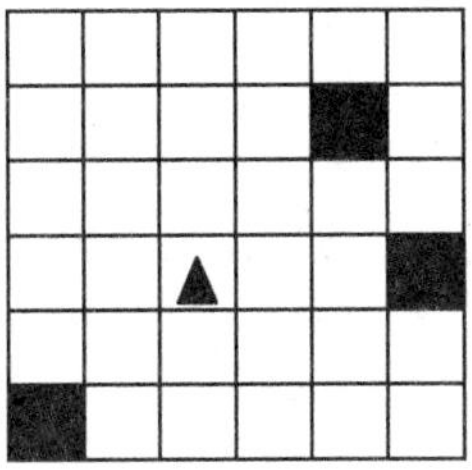

魔术表

★★★★☆

95. 四个选项中，填入哪个符合逻辑推理？

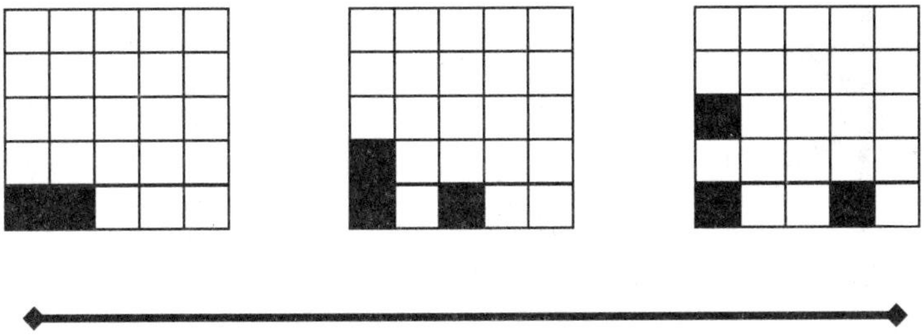

A B C D

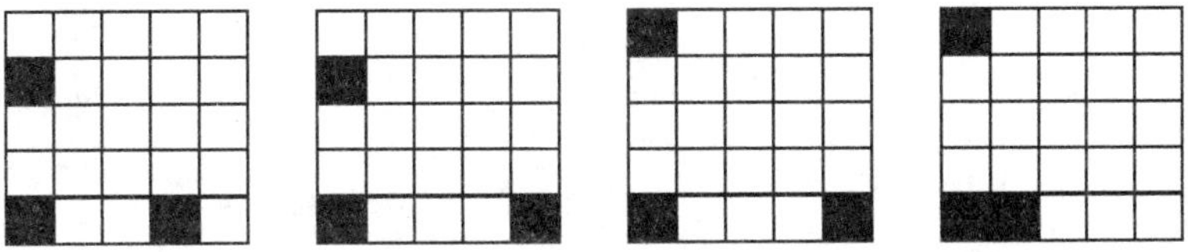

解答见 126 页

魔法树

★★★☆☆

96. 问号处应填入哪一个选项？

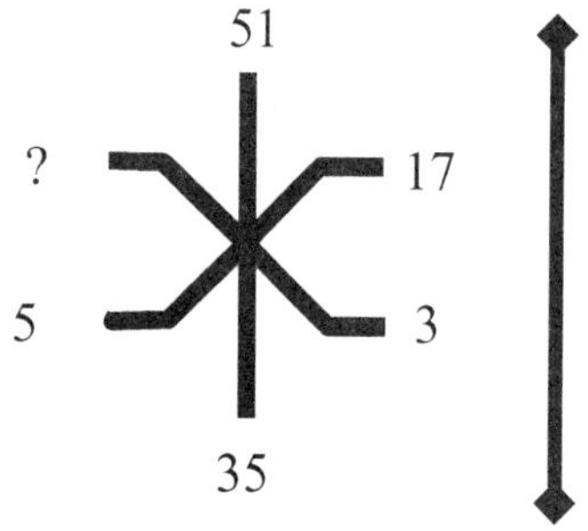

- ❑ 32
- ❑ 4
- ❑ 7
- ❑ 81

解答见 127 页

解　答

1. 正确答案为 A。目标图片沿顺时针方向进行 90°旋转。

2. 正确答案为 d。横向看表格，构成每个(圆的、正方形的和十字形的)大图的黑色小图在方格中按顺时针方向前进。

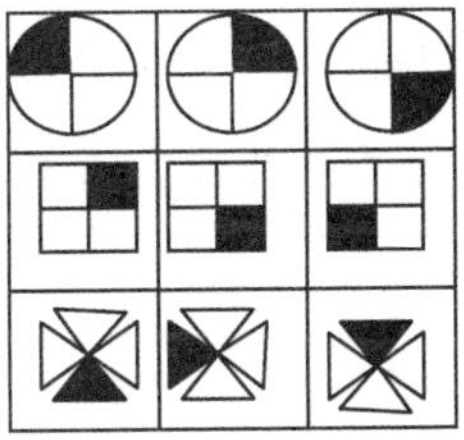

3. 正确答案为 C。纸牌沿箭头方向以 x－2 和 x－1 交替排列。相继出现红心牌、草花牌和黑桃牌。

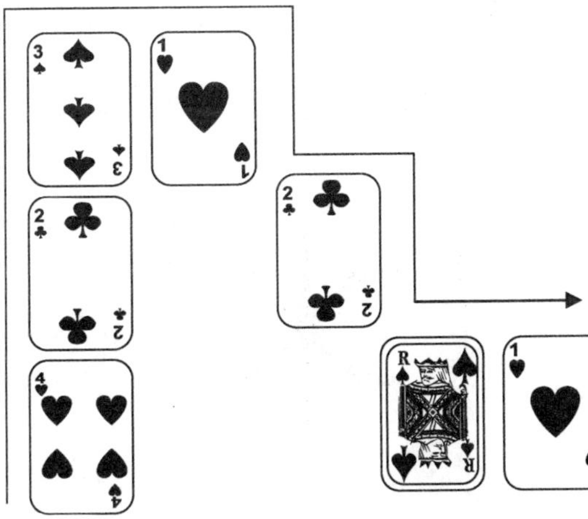

4. 正确答案为 D。位于下方的格中点数以 x=2 向前递进，位于上方的格中点数以 x−3 向前递进。

5. 正确答案为 C。第一幅图中的灰色小方块(y)沿对角线向表格上方移动，先灰色，再黑色，交替出现。黑色小方块(x)沿垂直方向往表格下方移动。先黑色，再灰色，交替出现。

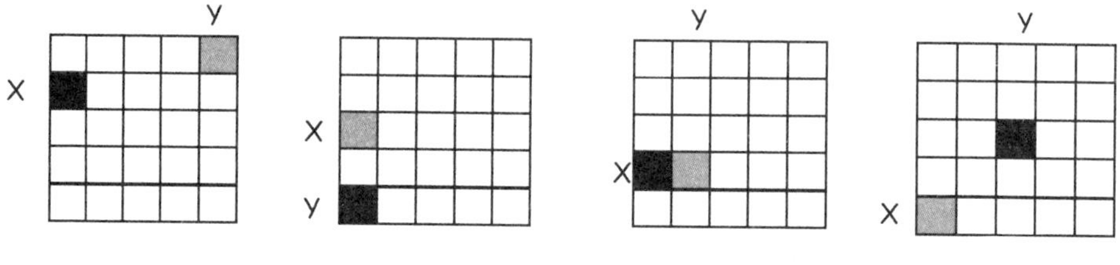

6. 正确答案为字母 P。字母按 x = 2 沿顺时针方向递进。

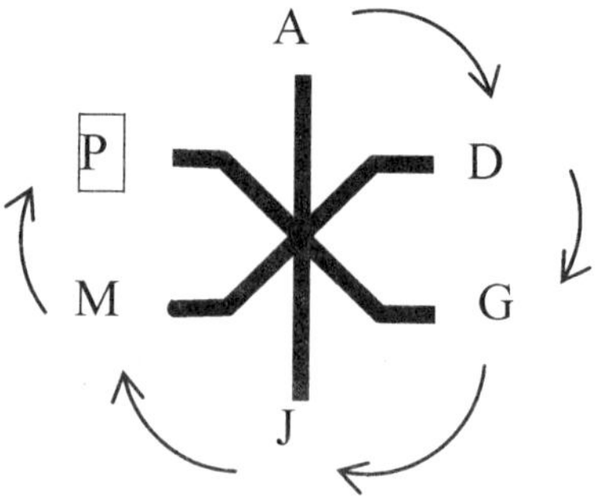

7. 正确答案为 c。方块沿逆时针方向旋转 90°。

8. 在表格最后一行填入找出的单词。黑体标出的字母在同一行中进行相应的算术推移得出需要找出的单词。

N	**C**	O	S	-1
H	U	D	E	+1
P	**A**	G	E	+1
V	E	R	**T**	+0
C	H	A	T	

9. 正确答案为 D。

10. 正确答案为 C。图标 B 和 C 互换位置,图标 A 保持不动。

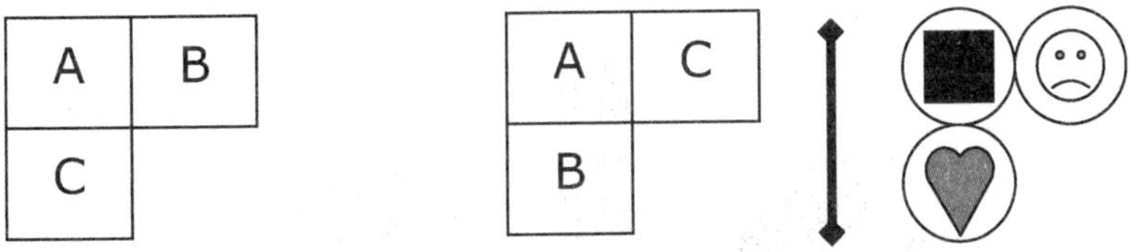

11. 正确答案为 A。纵向观察图表。为了得到图 x3,需要将图 x2 重叠到图 x1 上,得到一个全黑的图。

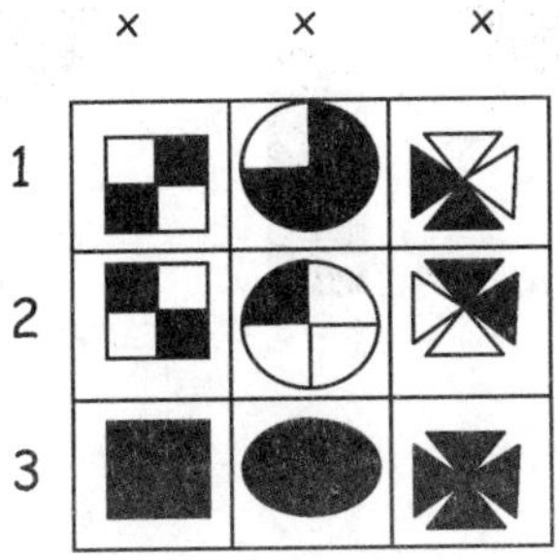

12. 正确答案为 A。纸牌沿箭头方向以 x－4 和 x＋1 依次递进。相继出现黑桃牌和红心牌。

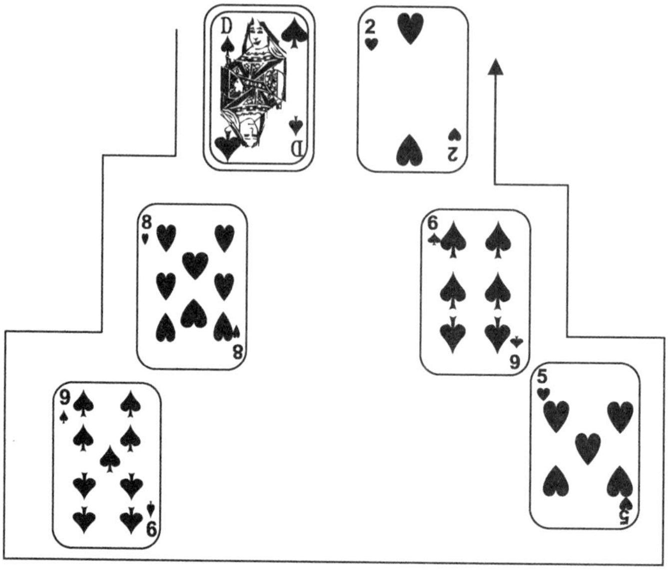

13. 正确答案为 D。(a)格中的点数以 x＋1 向前递进,(b)格中的点数以 x－1 向前递进。

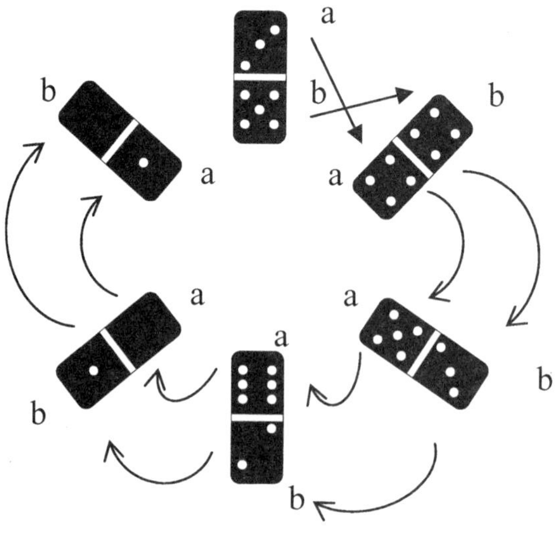

14. 正确答案为D。小方块(x)保持不动，第二块黑色小方块沿对角线，一格一格向表格上方移动。第二幅图中两块小方块位于同一格中。

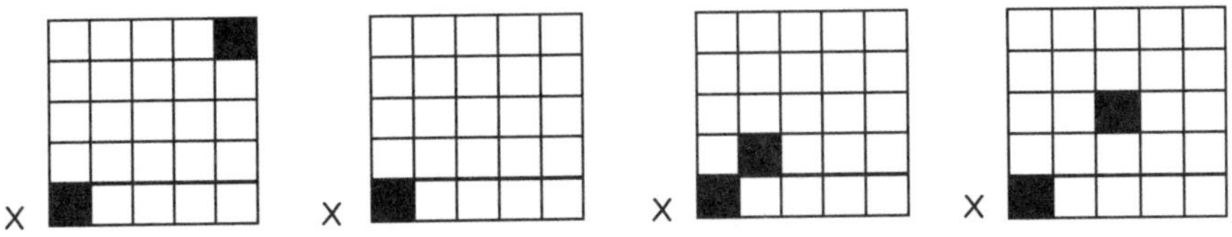

15. 正确答案为字母D。字母按顺时针方向以 x＋2 和 x＋1 交替推进。

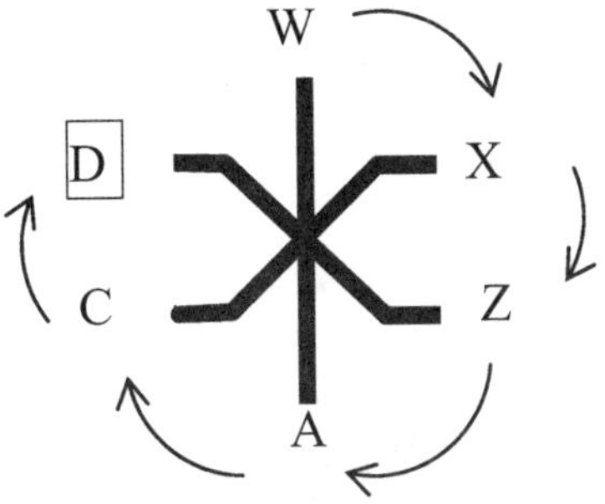

16. 正确答案为d。方块沿逆时针方向旋转90°。

17. 在表格最后一行填入找出的单词。黑体标出的字母在同一行中进行相应的算术推移得出需要找出的单词。

H	U	**P**	O	R	-2
A	N	N	E	E	+1
D	E	V	**I**	S	-1
R	O	U	G	E	-2
E	J	E	C	T	-1
P	A	I	R	E	

18. 正确答案为 B。

19. 正确答案为 A。为了找出正确答案，应使目标图片按顺时针方向旋转 90°。最初是黑色的图标变成了灰色。图标 B 和 C 从最初的灰色变成了白色。

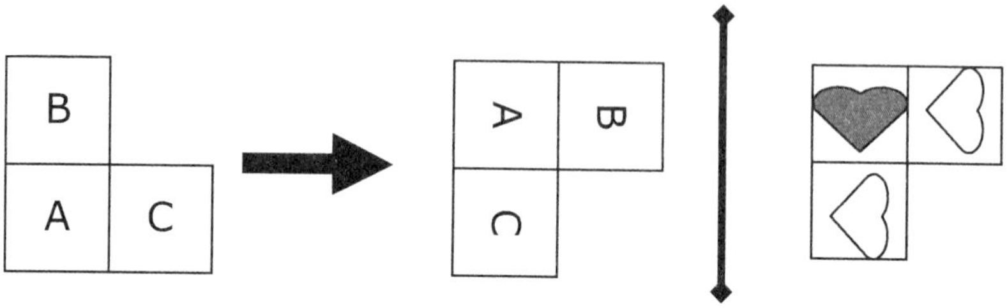

20. 正确答案为 B。要找出缺少的部分。四个选项中，其中三个选项的三张图片都已在图表中重复出现了 3 次。

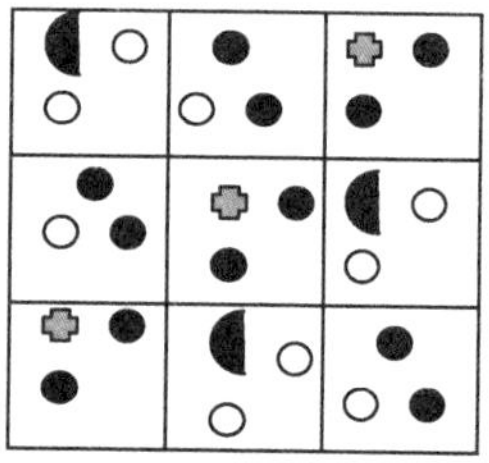

21. 正确答案为 C。纸牌沿箭头方向以 x＋1 和 x＋2 交替推进。

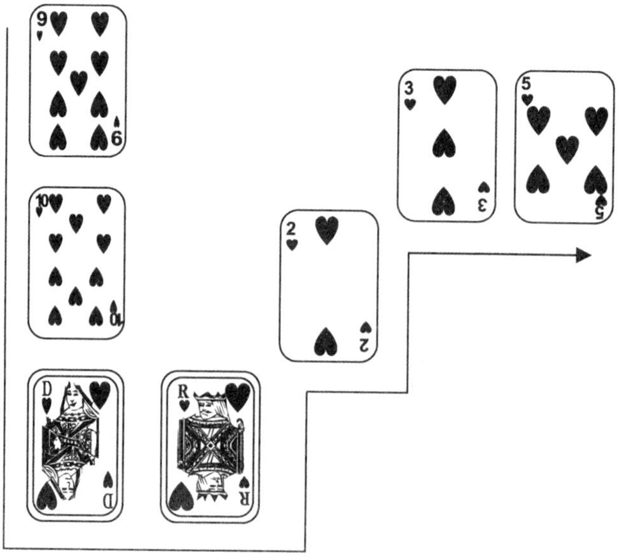

22. 正确答案为 B。按顺时针方向观察下图中每块多米诺骨牌的格子。下一块多米诺骨牌中数值均以 x＋1 和 x＋2 交替推进。

23. 正确答案为 D。最初是灰色的图标(x)，交替变成灰色，再变成黑色。它沿着图表的边缘按逆时针方向旋转。黑色方块保持不动。

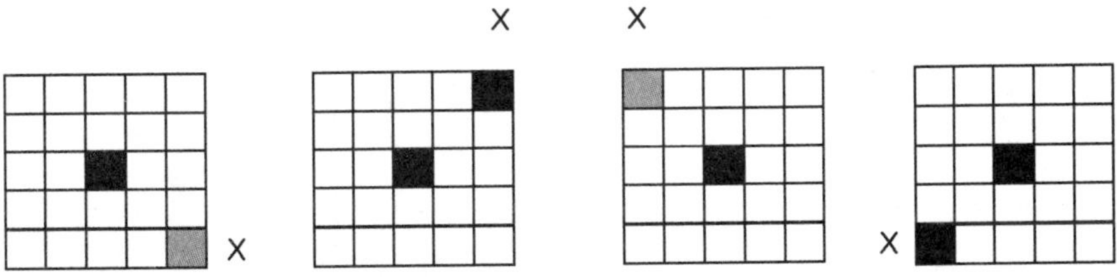

24. 正确答案为字母 J。字母按顺时针方向以 x＋2 和 x－1 交替推进。

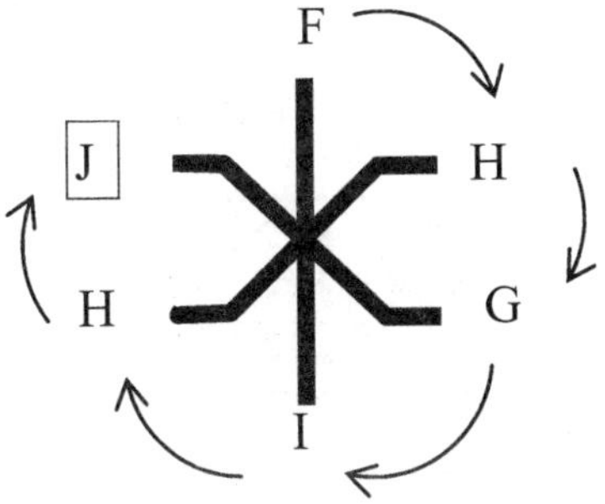

25. 正确答案为 a，因为方块沿逆时针方向旋转 90°。

26. 在表格最后一行填入找出的单词。黑体标出的字母在同一行中进行相应的算术推移得出需要找出的单词。

C	L	E	**F**	+1
O	G	R	E	+1
N	**I**	E	R	+1
N	A	G	E	-1
F	**O**	**I**	**N**	

27. 正确答案为 A。

28. 正确答案为 B。为了找出正确答案，应使目标图片按顺时针方向旋转 90°。最初是黑色的图标变成了灰色。那么，图标之间互换了位置，即 A 转到了 C 的位置，C 转到了 B 的位置，而 B 转到了 A 的位置。

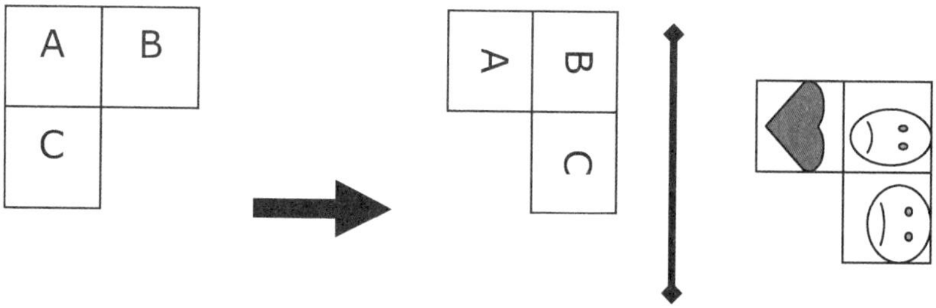

29. 正确答案为 C。找出缺少的部分，使构成图表的每个图标都重复出现 3 次。

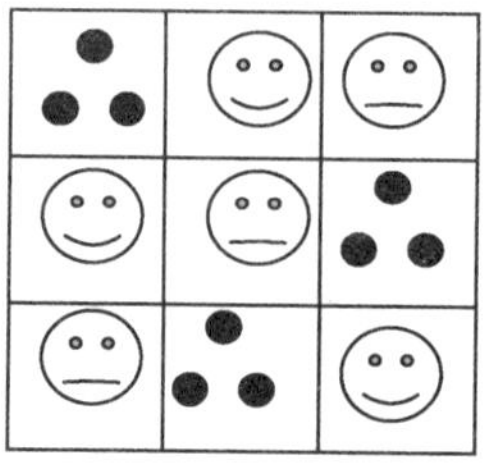

30. 正确答案为B。纸牌沿箭头方向以 x－1 和 x＋3 交替推进。

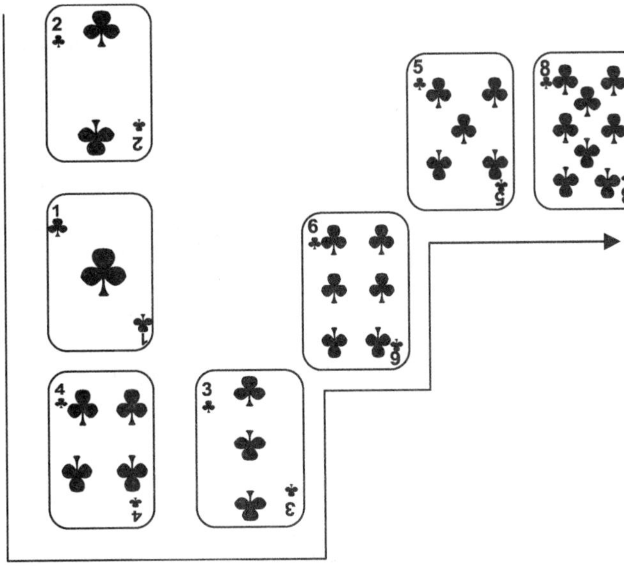

31. 正确答案为C。要找出正确答案，需按以下方法类推：多米诺骨牌(x)的下半格，即数字5是骨牌(a)的所有数值之和。多米诺骨牌(x)的上半格，即数字3，是由骨牌(a′)的所有数值之和。为了计算多米诺骨牌(y)两格中的数值，应将骨牌(b)数值总和对应到骨牌(y)的下半格，骨牌(b′)数值总和对应到骨牌(y)的上半格。

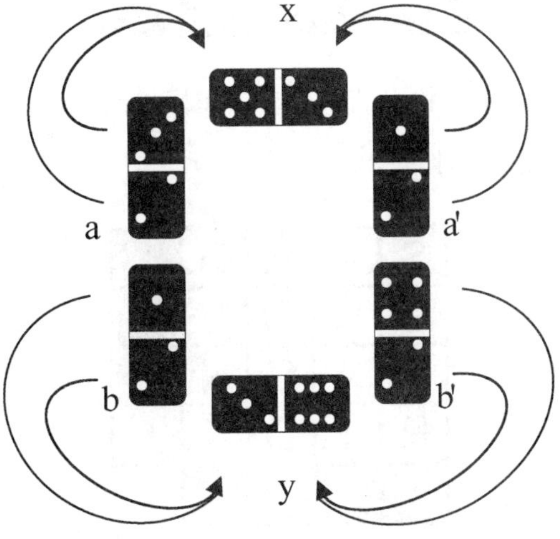

32. 正确答案为C。最初，两块方块占据同一个位置。第一块方块，最初是灰色的，它保持不动，交替变成灰色，再变成黑色。第二块方块是黑色的，沿着对角线向图表底部逐格移动。因此在第一个图表中，黑色的第二块方块遮盖住了灰色的方块。

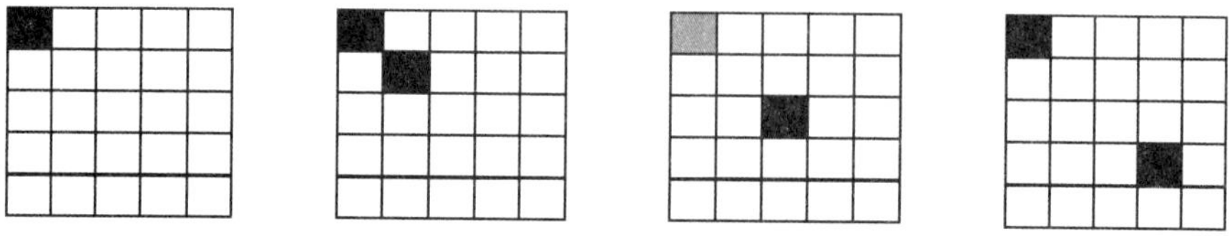

33. 正确答案为字母I。字母按顺时针方向以 x－2 推进。

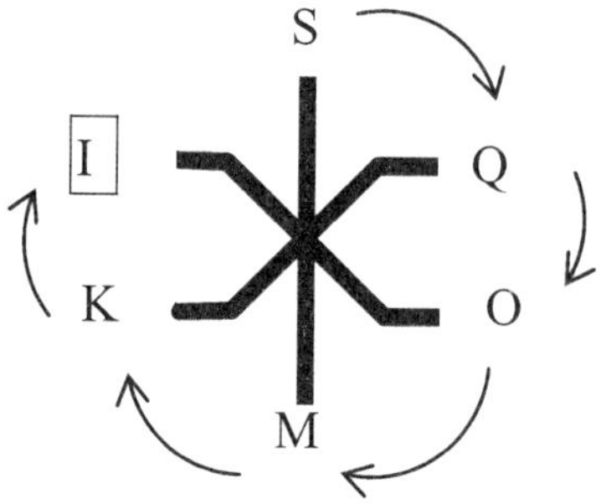

34. 正确答案为c。方块沿逆时针方向移动90°。

35. 在表格最后一行填入找出的单词。黑体标出的字母在同一行中进行相应的算术推移得出需要找出的单词。

S	A	**R**	H	-2
O	N	G	L	-3
F	A	G	**N**	-1
R	I	**D**	E	+1
R	**O**	**N**	**D**	

36. 正确答案为 D。

37. 正确答案为 C。即 A－1＝A′；B－1＝B′；C－1＝C′。

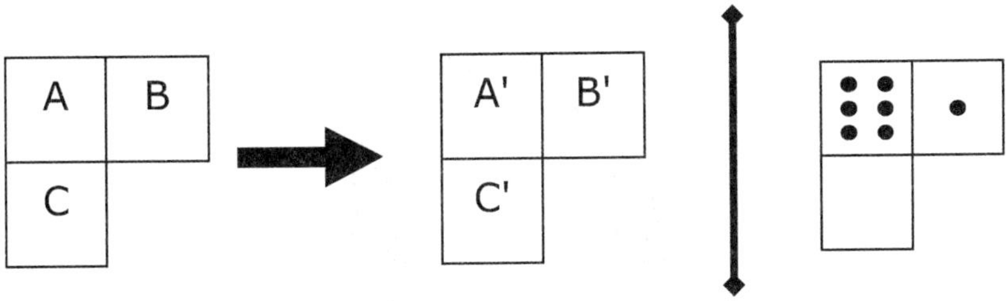

38. 正确答案为 A。要求找出缺少的项，即找出在图表中没有重复出现 3 次的那幅图。

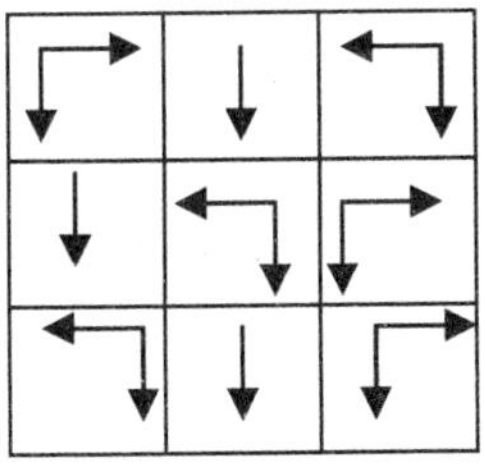

39. 正确答案为 C。纸牌沿箭头方向以及它们各自的颜色以 x－2 推进。

40. 正确答案为 A。多米诺骨牌 a、b、c 和多米诺骨牌 a′、b′、c′相同。多米诺骨牌 a′、b′、c′是多米诺骨牌 a、b、c 的倒置。

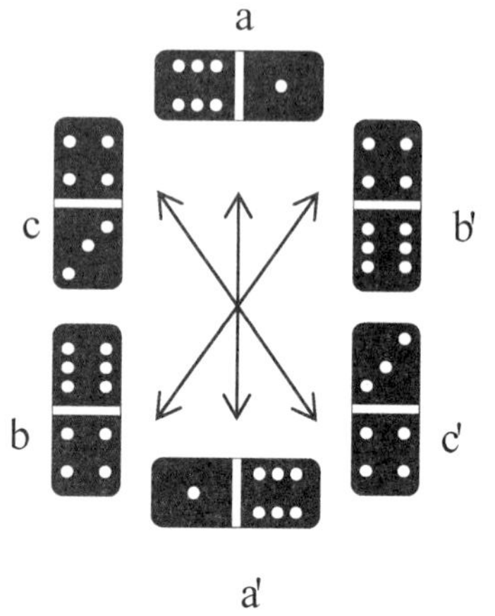

41. 正确答案为 A。黑色方块(x)向图表底部垂直移动一格。黑色方块(y)向图表顶部垂直移动一格。

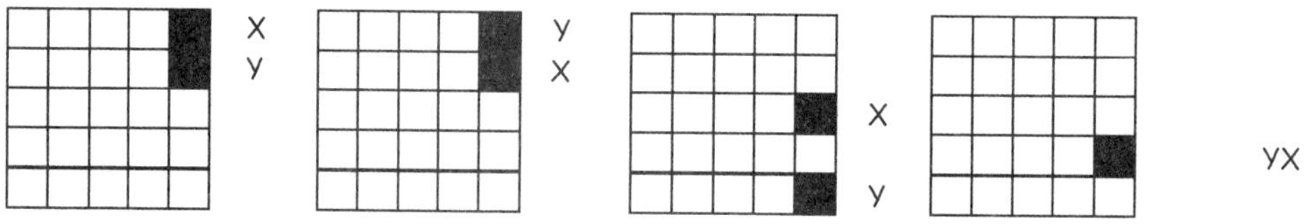

42. 正确答案为 D。这是一个对称布局,布局中构成十字形的每支都两两对应。

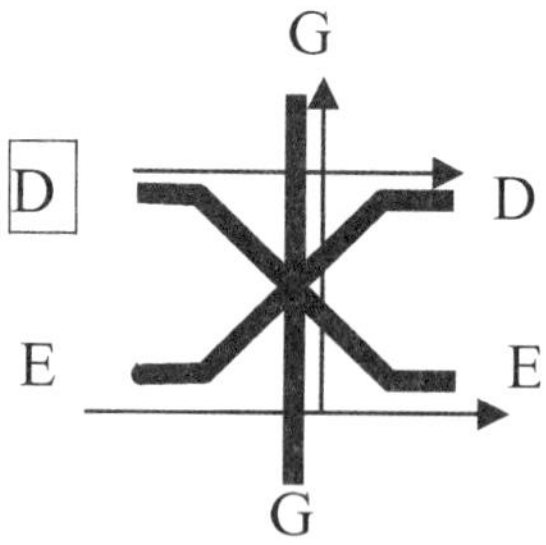

43. 正确答案为 b。方块沿逆时针方向移动 90°。

44. 在表格最后一行填入找出的单词。黑体标出的字母在同一行中进行相应的算术推移得出需要找出的单词。

P	I	N	**G**	+1
A	M	E	R	+1
O	**N**	C	E	+1
T	O	G	E	-1
G	A	N	T	

45. 正确答案为 A。

46. 正确答案为 C。即 A－2＝A′；B 不进行任何数学运算；C＋1＝C′。

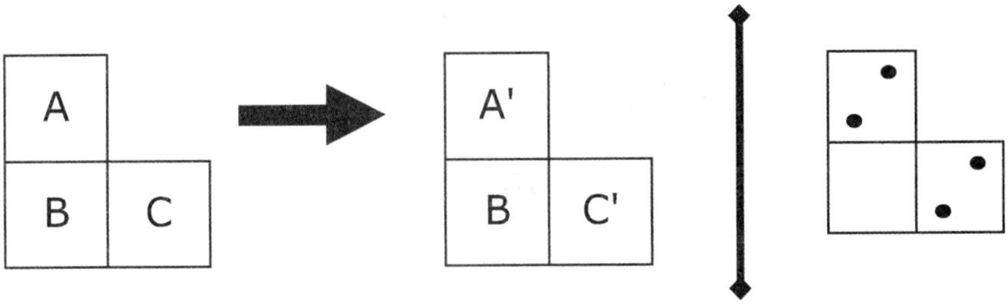

47. 正确答案为 C。横向观察图表，为了得到图 x3，需要首先拿走图 x1 的中心部分，接着删去该图的左边部分。

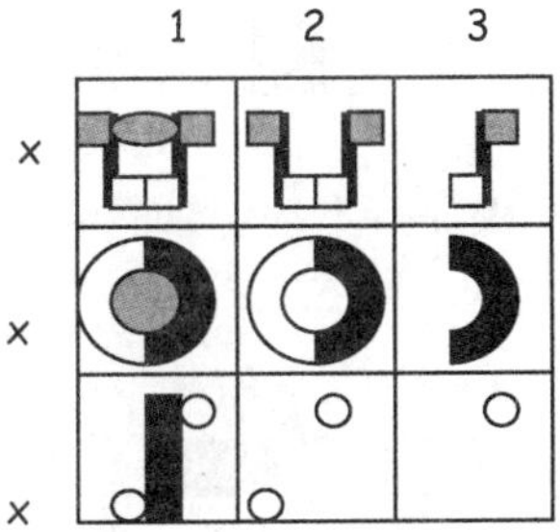

48. 正确答案为 A。纸牌沿箭头方向以 x＋1 前进。相继出现红心牌、方块牌和黑桃牌。

49. 正确答案为 C。多米诺骨牌的上格以 x＋1 推进，下格则以 x－1 推进。

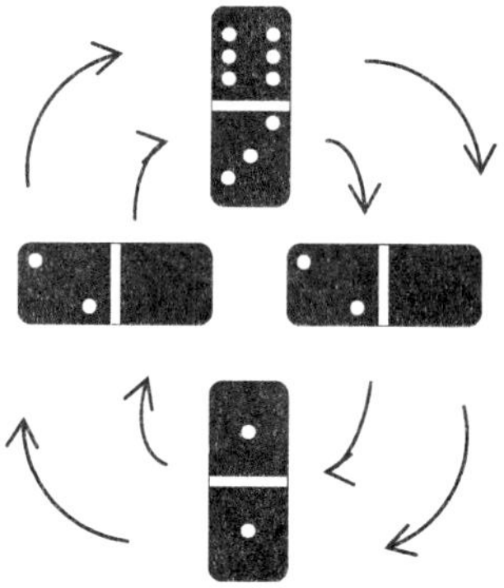

50. 正确答案为 D。黑色方块保持不动，然而，它遮住了灰色方块，灰色方块沿着对角线向图表底部逐格前进。

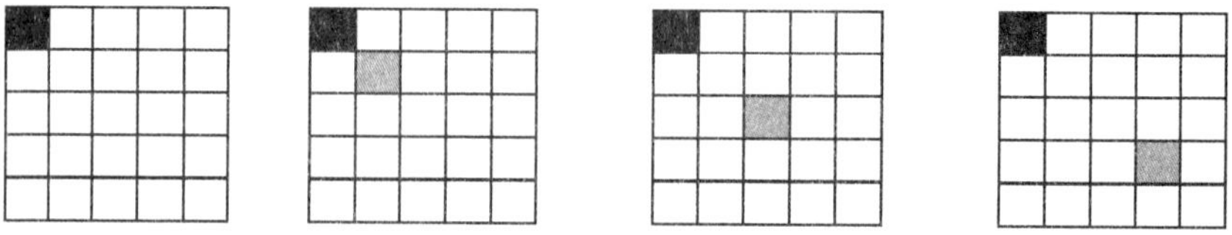

51. 正确答案为 F6。字母和数字的组合沿箭头指出的方向以 x＋1 推进。

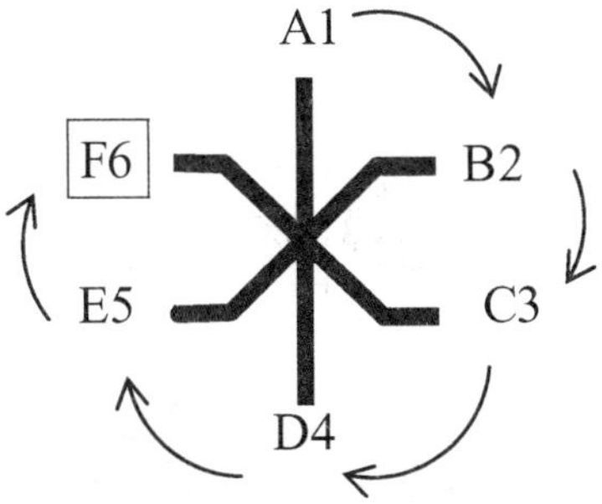

52. 正确答案为 d。方块按逆时针方向旋转 90°。

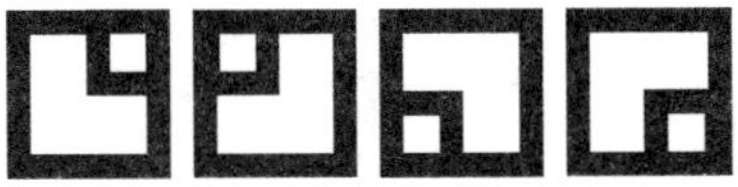

53. 在表格最后一行填入找出的单词。黑体标出的字母在同一行中进行相应的算术推移得出需要找出的单词。

P	**A**	I	N	-1
M	O	I	S	+1
C	J	I	**E**	-1
T	I	**R**	S	+1
A	M	E	R	

54. 正确答案为 D。

55. 正确答案为 B。目标图片按顺时针方向旋转 180°。A 和 B 进行 x－2 的等差级数。也就是说，B－2 ＝ B′，A－2 ＝ A′。C 不进行任何等差级数。

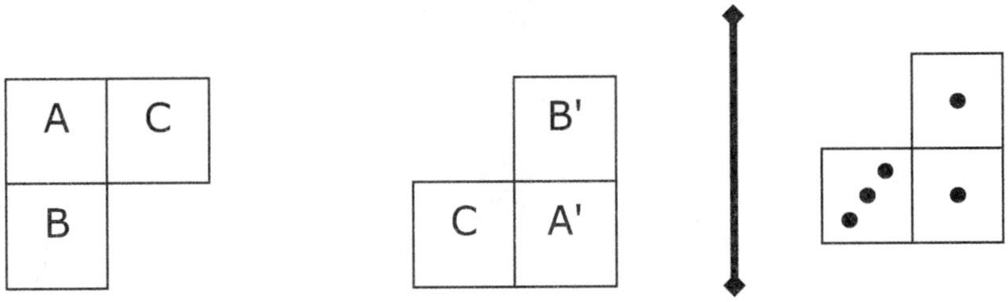

56. 正确答案为 D。横向观察图表，为了得到图 x2，需要从 x1 的大图中拿出它所包含的小图，并交换它们各自的颜色。为了得到图 x3，需要恢复小图的最初颜色。

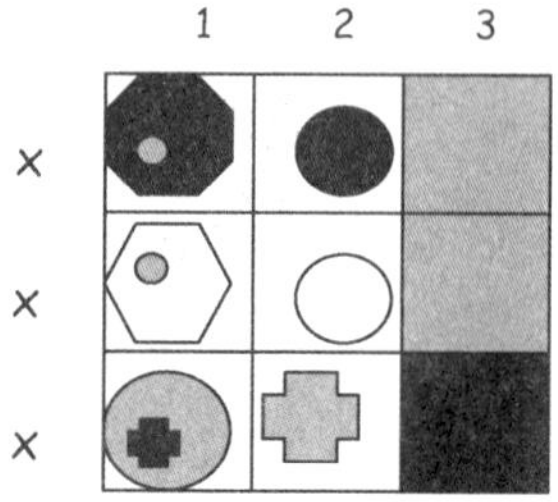

57. 正确答案为 D。即 a－(b＋c) ＝ x。

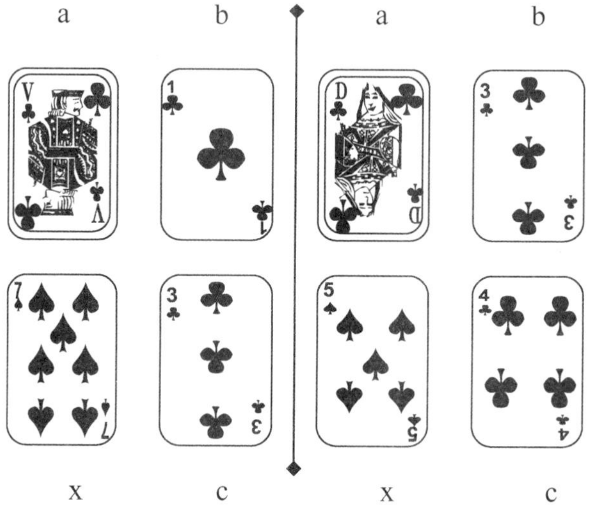

58. 正确答案为 B。多米诺骨牌的上格以 x＋1 推进，下格则以 x＋1 推进。

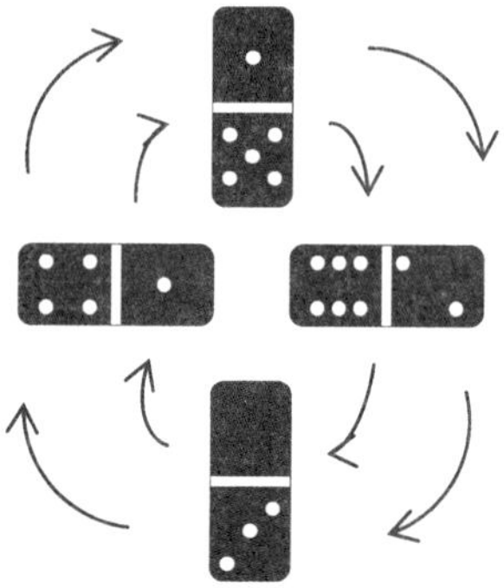

59. 正确答案为 B。灰色方块(x)向图表顶部垂直移动一格，黑色方块(y)向图表右边水平移动一格。

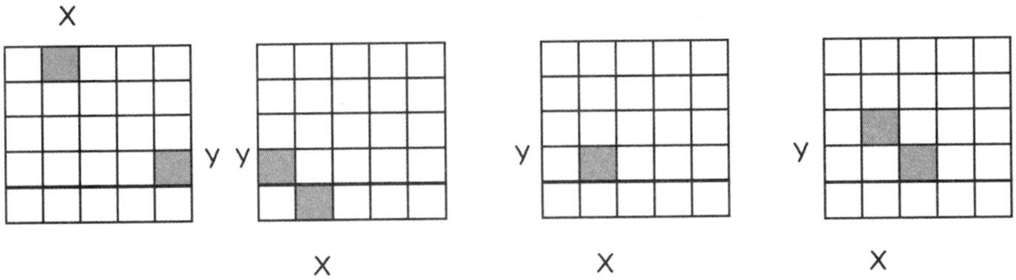

60. 正确答案为 L4。每组字母和数字组合中的字母以 x+2 推进，而数字以 x−1 前进。

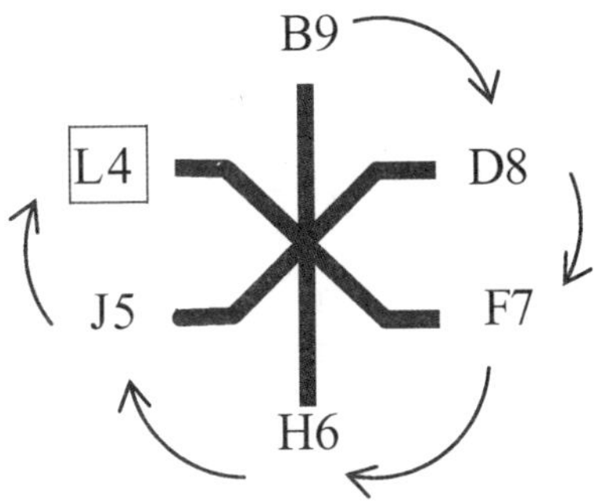

61. 答案为 d。图中的灰色小长方形沿顺时针方向，前进一格。

62. 在表格最后一行填入找出的单词。黑体标出的字母在同一行中进行相应的算术推移得出需要找出的单词。

C	A	L	I	**F**	E	+2
R	E	G	**R**	E	T	-2
D	**E**	L	I	R	E	+1
C	R	O	**I**	R	E	+0
T	Y	M	P	A	**N**	-1
S	O	I	R	E	E	-1
F	**R**	**E**	**I**	**N**	**S**	

63. 正确答案为 A。

64. 正确答案为 B。B 格消失了。A 格中的数值进行 x＋2 级数。因此，在多米诺骨牌中，从 6 到 1(6－0－1)。C 格中的数值保持不变。

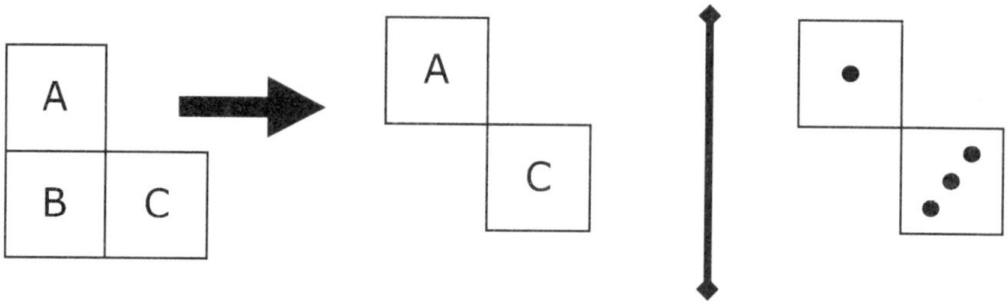

65. 正确答案为 C。横向观察图表，为了得到图 x3，首先需要拿走图 x1 的中心部分，接着删去这幅图的左边部分。

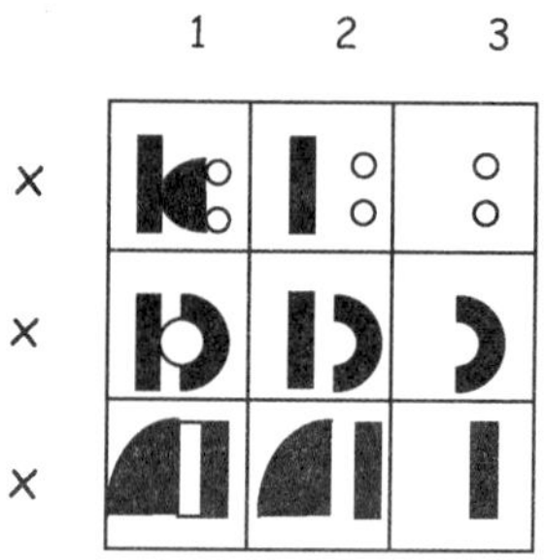

66. 正确答案为 B。即 $(a+b)-c=x$。

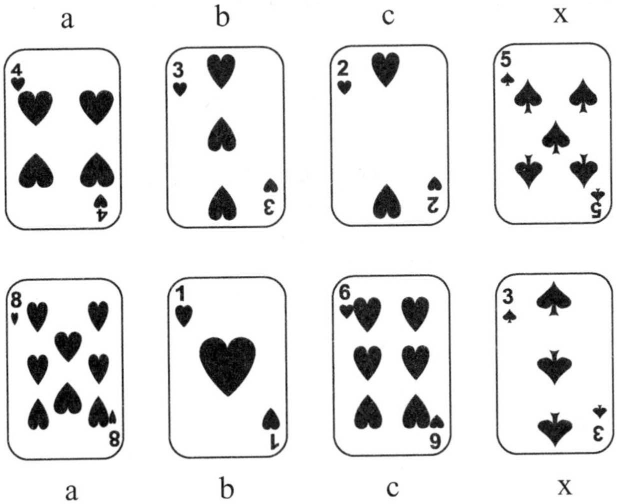

67. 正确答案为 A。这是一个类似布局，a 与 a′，b 与 b′相似。

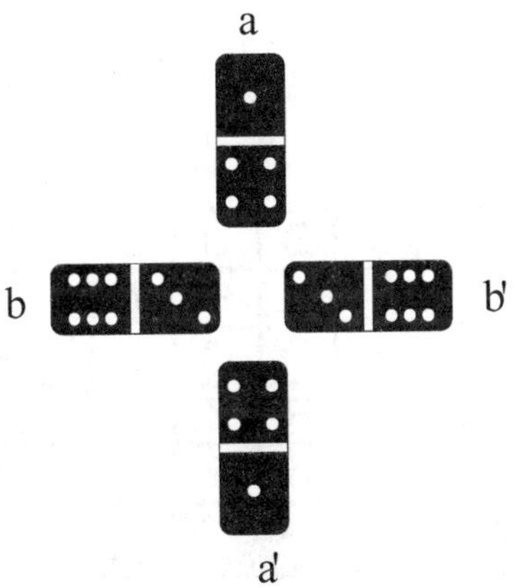

68. 正确答案为 A。黑色方块交替出现在 p 和 p′两格中。至于灰色的方块按顺时针方向沿图表边缘移动。在第三幅图表中，它被黑色方块遮住。

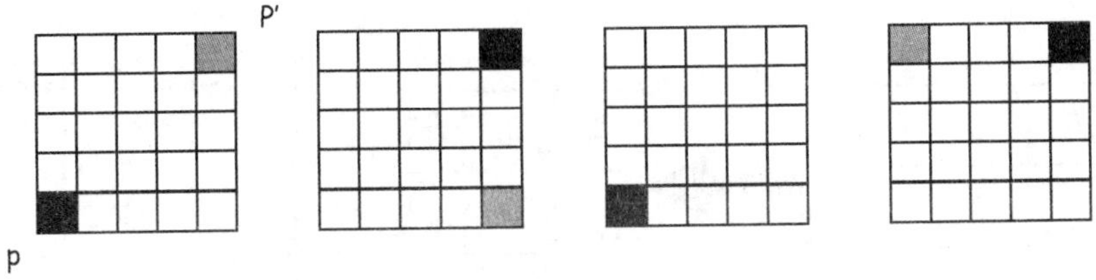

69. 正确答案为 7H。每组字母和数字组合中的字母以 x－2 和 x－1 沿箭头方向交替推进。数字沿箭头所指方向推进。每次出现时，字母和数字组合中的字母和数字交换各自的顺序。

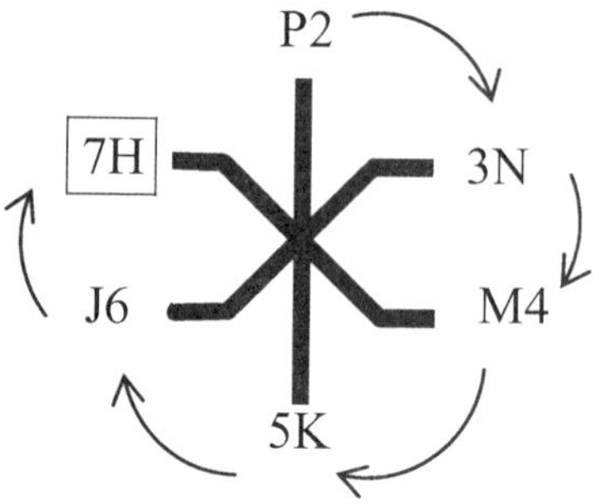

70. 正确答案为 a。正方形内的三角形沿顺时针方向旋转 90°。每次出现时，三角形交替呈现白色和灰色。

71. 在表格最后一行填入找出的单词。黑体标出的字母在同一行中进行相应的算术推移得出需要找出的单词。

O	**M**	B	U	D	-1
V	U	P	H	**A**	+2
C	**I**	O	Q	U	+1
O	C	**R**	Z	M	+1
M	C	H	**E**	P	+1
M	A	I	R	E	

72. 正确答案为 C。

73. 正确答案为 C。A 格和 C 格中的数值进行 x－1 的运算。B 格和 D 格中的数值交换各自的位置。

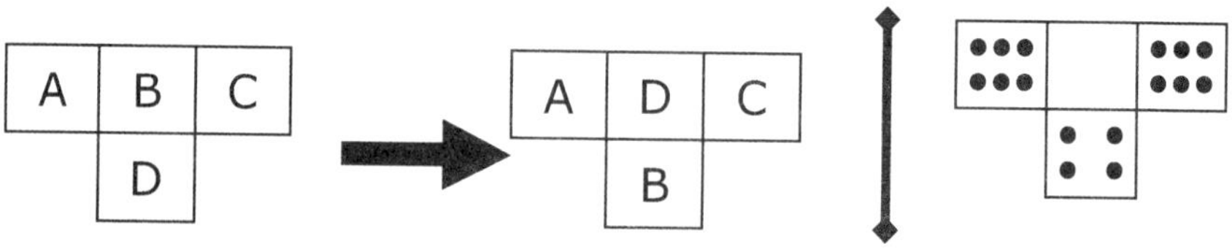

74. 正确答案为 A。横向观察图表，每格都由两根不同颜色的棍子组成。为了得到图×3，需将图 x2 的第二根棍子置于图 x1 的第一根棍子后。

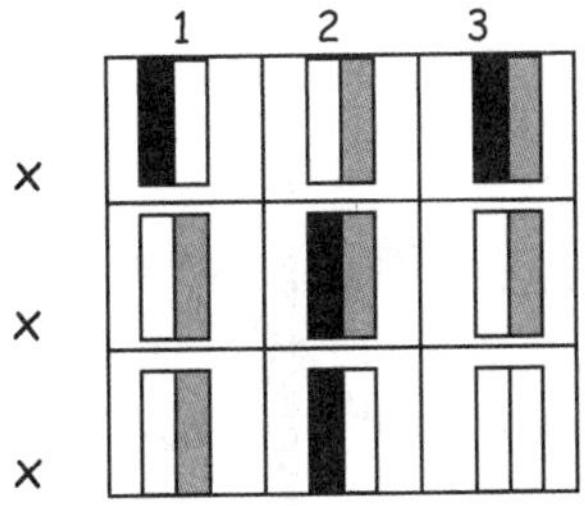

75. 正确答案为 A。上面的四张牌与下面四张相同，但下面四张牌以相反的顺序排列。

76. 正确答案为 D。上方格中的点数始终为 1。下方格中的点数以 x+2 递进。

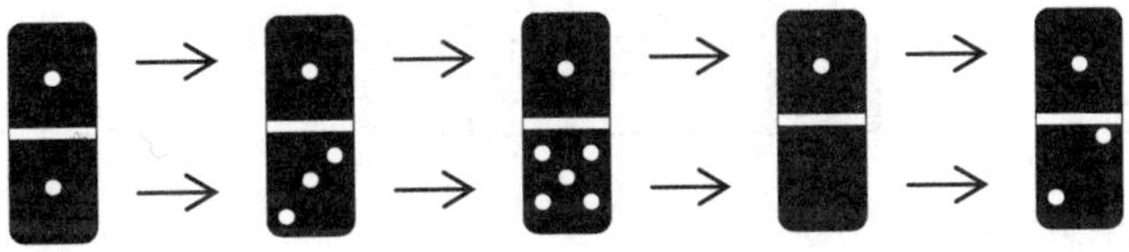

77. 正确答案为 B。灰色方块位于"p"格中，在 p 和 p′中轮流出现。第二块灰色方块垂直往图表顶部移动，交替呈现灰色和黑色。

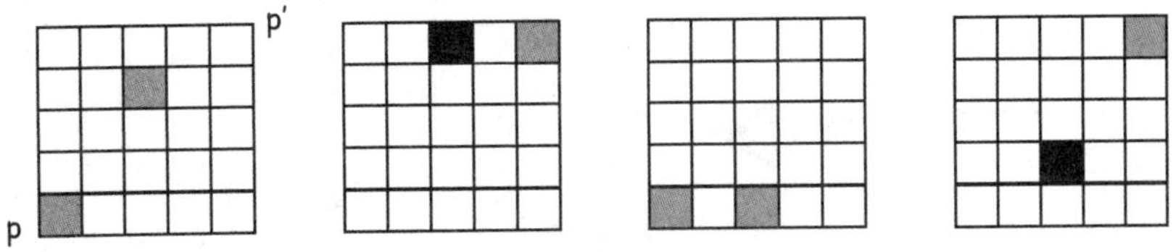

78. 正确答案为 L5。每组字母和数字组合中的字母沿箭头方向以 x+2 推进。数字沿箭头所指方向交替出现 9 和 5。每次出现时，字母和数字的组合中的字母和数字交换各自的顺序。

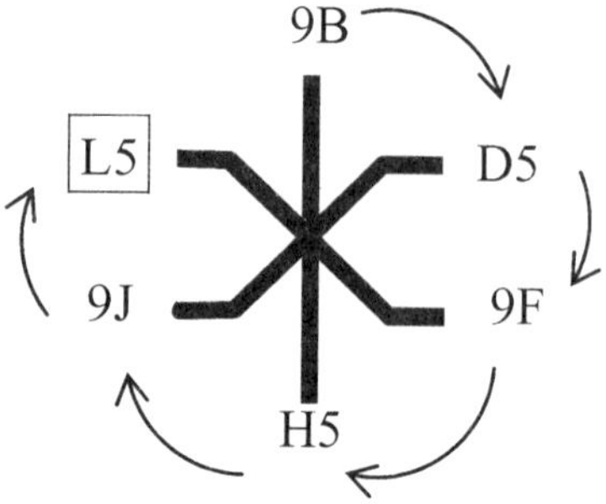

79. 正确答案为 c。

80. 在表格最后一行填入找出的单词。黑体标出的字母在同一行中进行相应的算术推移得出需要找出的单词。

P	A	G	O	**C**	+1
R	O	U	D	B	+1
Q	U	F	**I**	K	-1
H	A	V	A	**S**	-1
F	O	D	**E**	T	+1
C	R	I	S	E	

81. 正确答案为 A。

82. 正确答案为 A。A 格和 B 格进行 x−1 的运算，因此，A − 1 = A′，B − 1 = B′。C 格中的数值保持不变。

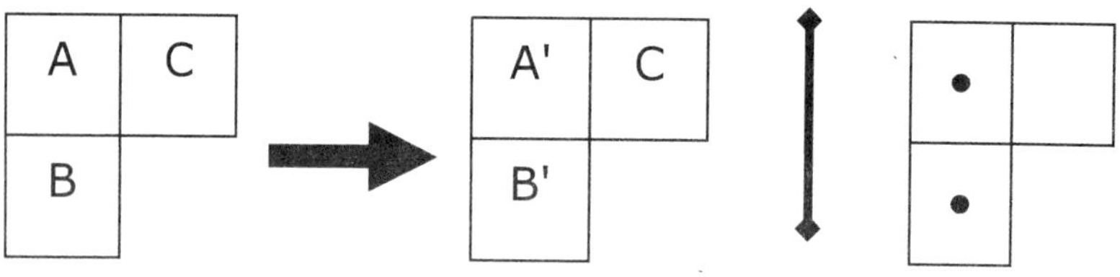

83. 正确答案为 B。横向观察表格。为了得到位于 x3 的三根棍子颜色，需要选择在 x1 和 x2 中出现最多的颜色。

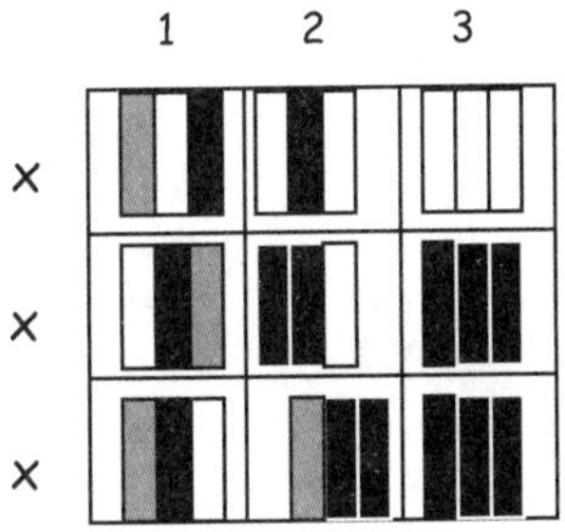

84. 正确答案为 B。即 a＋b＋c＝x。

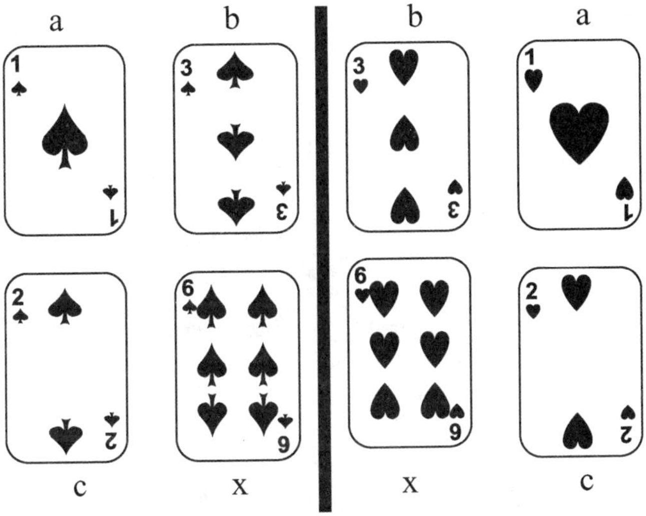

85. 正确答案为 A。上方格中的点数按照 x＋3 进行运算。下方格中的点数按 x＋1 进行运算。

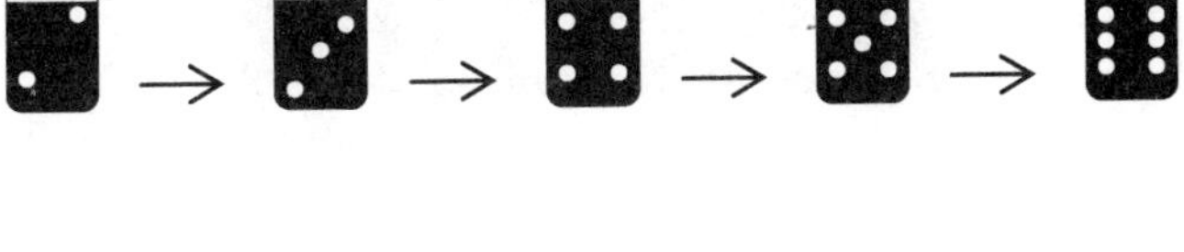

86. 正确答案为 A。黑色方块(x)沿对角线往图表顶部逐格移动。黑色方块(y)沿对角线往图表底部逐格移动。在最后一个图表中,两块方块占据同一格。

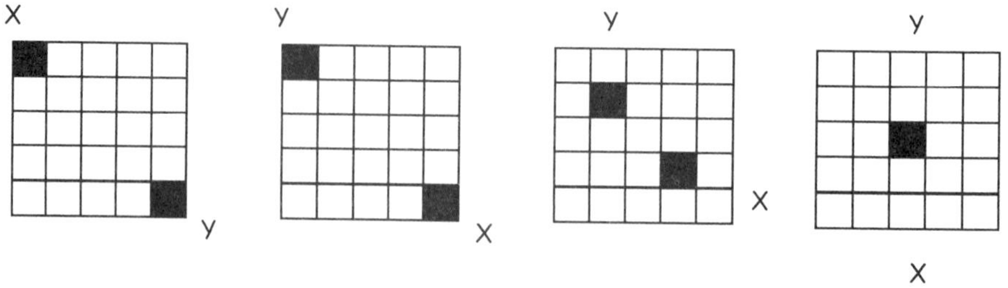

87. 正确答案为 MC。黑体标出的字母(S、U、W、Y、A 和 C)沿箭头方向进行 x+2 进行运算。第二组字母(F、G、I、J、L 和 M)沿箭头方向交替以 x+1 和 x+2 进行运算。每次出现时,由两个字母组成的字母组合,颠倒它们各自的顺序。

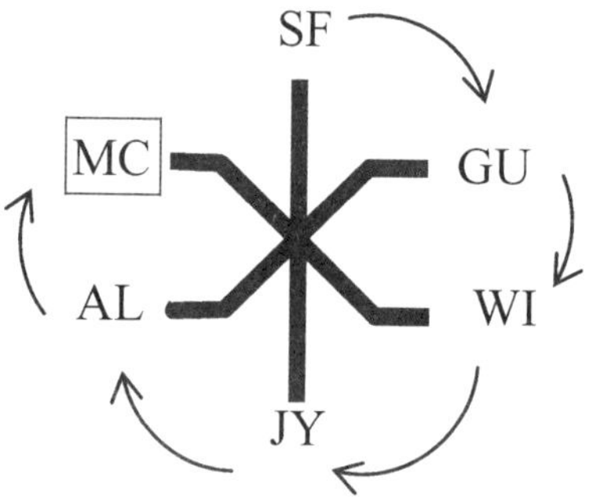

88. 正确答案为 c。在第一幅图中,黑色长方形遮住了灰色长方形,灰色长方形沿逆时针方向逐格前进,而黑色长方形则沿顺时针方向逐格前进。

89. 在表格最后一行填入找出的单词。黑体标出的字母在同一行中进行相应的算术推移得出需要找出的单词。

R	O	N	C	**A**	+1
G	R	O	U	D	+1
D	**E**	R	M	O	+1
Q	U	I	T	**N**	-1
B	O	N	**T**	P	+1
A	**G**	**E**	**N**	**T**	

90. 正确答案为 D。

91. 正确答案为 A。A 格和 B 格进行 x－1 的运算，因此，A－1＝A′，B－1＝B′。C 格中的数值保持不变。

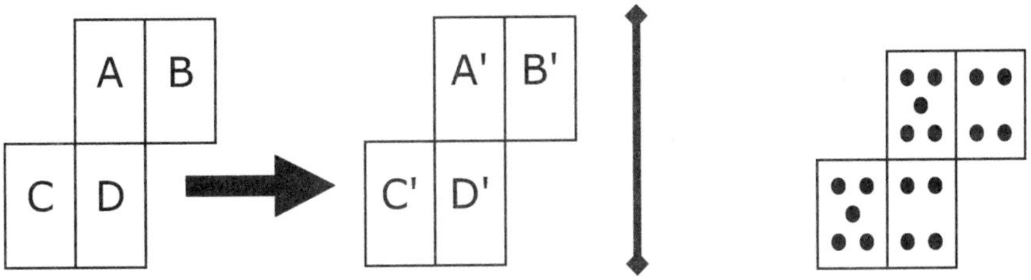

92. 正确答案为 C。竖着观察图表。为了找出位于 x3 的图，需要将 x2 中的图放入 x1 的图中。

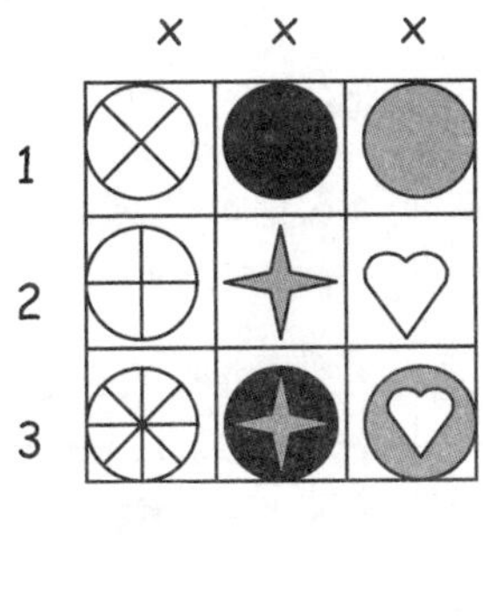

93. 正确答案为D。沿顺时针方向交替按 x－2 和 x＋1 出现红心牌和草花牌。

94. 正确答案为D。正如下图中指出的 c－b－a－b－c 对称布局。

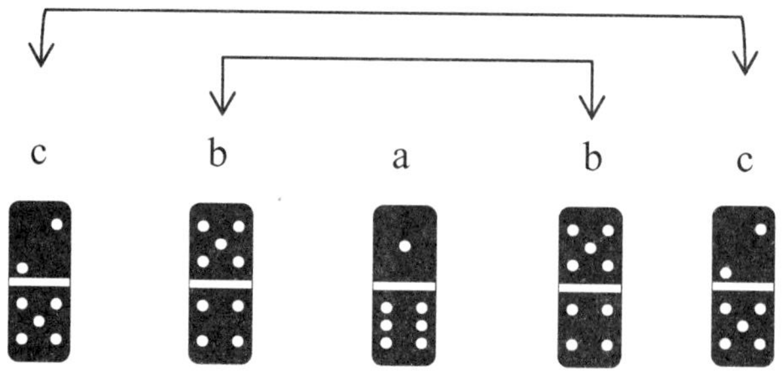

95. 正确答案为B。两块黑色方块占据“p”格。两块黑方块中,其中一块保持不动,位于“p”格的第二块方块垂直向图表顶部移动。方块(x)沿水平方向向图表右边逐格移动。

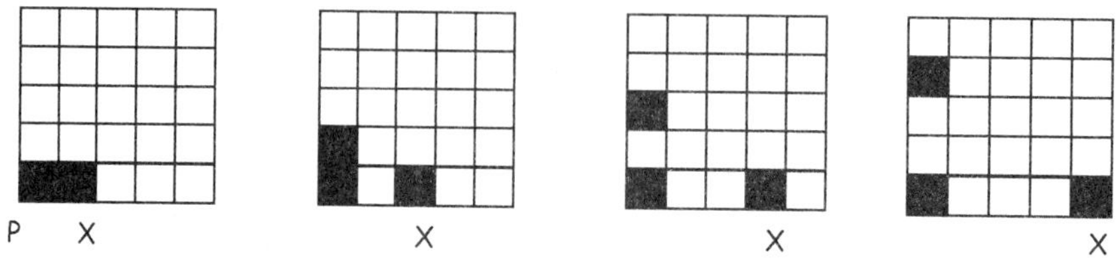

96. 正确答案为 7。正如 $a \times b = c$，$a' \times b' = c'$。

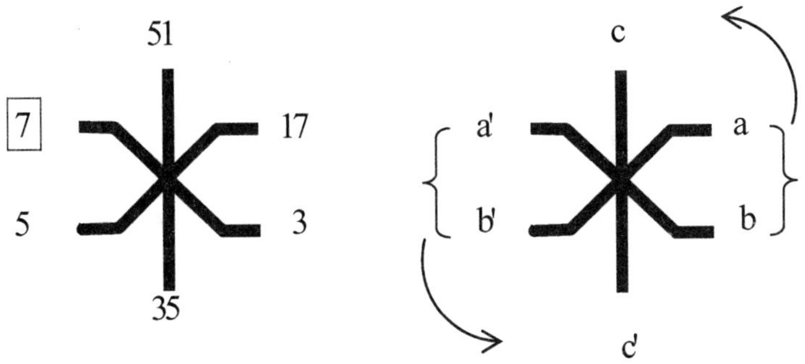